AF453703

NOUVEAU RÉPERTOIRE THÉATRAL

LA
MORT DE POMPÉE

COMÉDIE-VAUDEVILLE EN TROIS ACTES

PAR

JULES CORDIER

THÉATRE DU PALAIS ROYAL

PARIS

JULES DAGNEAU, LIBRAIRE-ÉDITEUR

23, RUE FONTAINE-MOLIÈRE, 23

au premier

1854

Distribution de la pièce.

PERSONNAGES DU PREMIER ACTE

HECTOR DE CERNAY.	MM.	Leriche.
OSCAR. . , ...		Gil-Pérez
BAPTISTE, valet de chambre de de Cernay.		Kalkaire.

PERSONNAGES DES DEUX AUTRES ACTES

DUBRUEL.	MM.	Prosper Gothi.
HECTOR DE CERNAY.		Leriche.
OSCAR.		Gil-Pérez.
CHAFFOUIN, oncle d'Oscar		Lhéritier.
JENNY, fille de Dubruel.	Mlles	Dinah.
MARIANNE, sa femme de chambre. . .		Bailly.
BAPTISTE.	MM.	Kalkaire.
GASPARD, domestique de Dubruel . . .		Lucien.
M. et Mme LEPERTRIEL.	M. Michon, Mme Philibert.	
LE CAMUS et sa bonne.	M. Masson, Mlle Thaïs.	
UN JEUNE HOMME.	M. Lemeunier.	
DEUX DEMOISELLES.	Mlles Hélène et Célutta.	
UN CAPORAL.	M. Paul.	
Quatre soldats.		
Invités des deux sexes.		

LA MORT DE POMPÉE

COMÉDIE-VAUDEVILLE EN TROIS ACTES.

ACTE PREMIER.

Un fourré du bois de Boulogne; on y remarque deux gros bouleaux, l'un à droite, l'autre à gauche du spectateur; le bouleau à gauche est un peu au fond, et a une branche praticable. — Au pied des deux bouleaux sont deux petits tertres de gazon.

SCÈNE PREMIÈRE.

DE CERNAY, *puis* BAPTISTE.

DE CERNAY *entrant par la gauche et examinant le lieu où il se trouve.*

Ah! c'est bien ici!... (*parlant du bouleau à droite*) et voilà bien cet arbre au pied duquel elle était assise avec son père quand je la vis pour la première fois. (*Se retournant et apercevant Baptiste qui l'a suivi.*) Comment! c'est encore toi, Baptiste?...

BAPTISTE.

Oui... j'avais oublié de demander à Monsieur...

DE CERNAY.

Tu peux retourner à Paris avec la voiture; je ferai le reste du chemin à pied.

BAPTISTE.

A pied, jusque chez M. Dubruel! mais il y a encore une bonne trotte, Monsieur, d'ici à Longchamps.

DE CERNAY.

Tant mieux... j'ai besoin d'air.

BAPTISTE.

Et à quelle heure faut-il que la voiture vienne reprendre Monsieur? car j'avais oublié...

DE CERNAY.

Tu ne m'as donc pas compris? Je reviendrai seul de Longchamps.

BAPTISTE.

Ce soir, à la nuit fermée !... Mais, Monsieur, à cette heure-là, le bois de Boulogne n'est pas sûr... et vous qui portez une montre, des bijoux...

DE CERNAY.

Ne t'alarme pas... je me ferai reconduire, s'il le faut, par M. Dubruel lui-même...

BAPTISTE, *avec satisfaction.*

Ah ! à la bonne heure !... mais c'est égal, * au lieu de prendre par ce fourré, Monsieur aurait mieux fait de suivre l'avenue...

DE CERNAY.

Allons, allons, mon vieux Baptiste, regagne la route, et laisse-moi. Je serai ce soir à Paris, et de très-bonne heure. Adieu. (*Il se retourne pour s'assurer que Baptiste est parti; le voyant encore en scène, il lui fait de la main le geste de s'éloigner, et s'enfonce dans le bois à droite.*)

BAPTISTE, *seul.*

Il a beau dire, je ne suis pas tranquille !... (*se retournant.*) Ah ! mon Dieu !... et ces billets de banque que j'ai oublié d'ôter de son portefeuille et de porter chez son banquier ! Souvent dans ce bois de Boulogne, au moment où l'on s'y attend le moins... (*Appelant.*) Monsieur, Monsieur.

SCÈNE II.

OSCAR, BAPTISTE **.

OSCAR, *entrant par la gauche.*
Eh bien, qu'est-ce que tu fais-là, toi ?

BAPTISTE.
Mais, Monsieur, je ne vous connais pas...

OSCAR.
Est-ce que ce n'est pas ton cheval qui est attelé dans l'avenue, et qui piaffe, et qui se cabre ?

BAPTISTE.
Il se cabre ?... mon cheval ?... Oh ! je vous remercie bien, Monsieur. (*Il sort précipitamment à gauche.*)

* Baptiste, Cernay.
** Oscar, Baptiste.

SCÈNE III.

OSCAR, *seul.*

J'ai cru qu'il allait prendre aussi le mors aux dents, ce cheval-là, et que, comme cet imbécile de Pompée, il m'em- pêcherait de vaquer à mes petites affaires. Décidément, ce serait trop de malheur avec les chevaux. (*Regardant le lieu où il se trouve.*) Eh ! mais!... ceci a l'air fort pittoresque... de l'ombre, du mystère... et ces deux grands arbres qui me ten- dent les bras, comme pour m'inviter de faire connaissance... (*Saluant les deux arbres.*) J'ai bien l'honneur de vous saluer, messieurs. Mais, patience, je dois avant tout songer à mon testament... Oui (*gaiement*), mais où diable trouver un notaire dans le bois de Boulogne? Bon ! je serai le mien... ça m'éco- nomisera les frais d'acte.

SCÈNE IV.

OSCAR, DE CERNAY.

(On entend le bruit d'une voiture.)

DE CERNAY, *rentrant par la droite, à lui-même.*

Ah! la voiture qui part ! (*Apercevant Oscar.*) Quelqu'un !... Attendons qu'il s'éloigne. (*Il rentre dans le bois à gauche.*)

SCÈNE V.

OSCAR, *seul, après avoir cherché dans toutes ses poches.*

Allons ! bien ! j'ai oublié mon agenda... si je gravais mes dernières volontés sur l'écorce de ce bouleau?... Oui, c'est une idée. (*Tirant un canif de sa poche et, avec la lame, faisant le geste de graver des lettres sur l'écorce de l'arbre.*) « Par devant maître Bouleau, (*indiquant l'autre bouleau*) et son confrère... » (*La lame de son canif se casse.*) Ah! Sacristi! ma plume qui s'est cassée dans le ventre de mon notaire ! (*Se fouillant.*) Com- ment ! je n'ai rien sur moi... pas un chiffon de papier !... (*Après s'être fouillé de nouveau.*) Ah ! si ! la carte de mon der- nier souper avec Octavie... et le crayon qui m'a servi à écrire mon menu... (*Il a tiré de sa poche un crayon et la carte.*) Voyons, récapitulons un peu les legs que j'ai à faire. (*Ecri- vant sur le verso de la carte de son dîner.* « 1° Je donne à mon » oncle Chafouin, accordeur de pianos à Corbeil, Seine-et-

» Oise... » (*S'interrompant.*) Oui, c'est un excellent accordeur
de piano, mon oncle... Mais il voulait aussi m'accorder sa
fille, et ça n'allait pas. Pauvre bonhomme! lui en ai-je tiré
de ces carottes, sous la forme de cadeaux de noces! — Mon
oncle, envoyez-moi 200 francs pour faire venir d'Angleterre
le voile de ma future épouse. — Oncle adoré, il ne me manque plus que cinq cents francs pour acheter le cachemire
nuptial de la cousine dont je raffole... et ainsi de suite, jusqu'à la concurrence de six corbeilles qui ne sont jamais par-
venues à la ville de ce nom. (*Il s'assied à droite.*) Ah! oui, il
faut que je lui fasse un legs, à mon oncle, il l'a payé assez
cher. (*Il réfléchit, le crayon d'une main et le papier de l'autre.*)

SCÈNE VI.

OSCAR, DE CERNAY. *

DE CERNAY, *rentrant.*

Encore ce Monsieur!... et sous mon arbre! (*Oscar qui a
trouvé son idée, écrit.*) Ah! mon Dieu! et il écrit!... Quelque
poëte, sans doute... j'en ai pour longtemps; attendons!...
(*Il s'assied sous l'arbre de gauche.*)

OSCAR *à lui-même, tout en écrivant.*

Faute d'espèce métallique, je donne à mon oncle ma béné-
diction et la liste de mes créanciers. Il sera flatté de cette
marque de confiance. (*Il cesse d'écrire.*) Et maintenant (*il se
lève, apercevant de Cernay.*) Tiens! un monsieur qui prend le
frais!

DE CERNAY, *à lui-même, parlant d'Oscar.*

Ah! sans doute, il a trouvé sa rime.

OSCAR.

Il ne bouge pas... viendrait-il pour savoir si le printemps
s'avance?... Bigre! l'automne ne fait que commencer, et s'il
reste là tout l'hiver... (*Il se rassied.*)

DE CERNAY.

Quel importun! c'est qu'il ne paraît pas du tout pressé de
partir!

OSCAR.

Pardon, Monsieur, en avez-vous pour longtemps à rester
ici?

* Cernay, Oscar.

DE CERNAY.

Mon Dieu! Monsieur, j'allais vous faire la même question.

OSCAR.

Ah!... c'est que je tiendrais à être seul.

DE CERNAY.

Absolument comme moi.

OSCAR.

Ah! bah! (*Il se lève et s'approche de Cernay qui s'est levé en même temps.*) Est-ce que vous attendriez une maîtresse?

DE CERNAY.

Je n'en ai pas, Monsieur... et vous?

OSCAR.

Je n'en ai plus... (*A part.*) Est-ce que par hasard... ça serait drôle... Viendriez-vous ici dans le même but que moi. (*Lui montrant le haut des arbres.*) Hein?... heu... heu...

DE CERNAY.

Je ne comprends pas bien...

OSCAR, *tirant de sa poche un foulard qu'il se passe sous le cou, en élevant en l'air ses deux mains.*

Voilà?

DE CERNAY, *comprenant.*

Ah! confidence pour confidence. (*Tirant de sa poche un pistolet qu'il y remet aussitôt.*) Voici!

OSCAR, *vivement.*

Un pistolet!... Permettez, Monsieur, je ne le souffrirai pas! vous ne ferez pas usage d'une arme aussi dangereuse!

DE CERNAY.

Et pourquoi?

OSCAR.

Mais, moi qui vous parle, si je ne me suis pas brûlé la cervelle, c'est un pistolet qui en est cause.

DE CERNAV.

Il n'est donc pas parti?

OSCAR.

Parti comme la foudre.

DÉ CERNAY.

Si vous pouviez vous expliquer plus clairement.

OSCAR.

Vous allez voir que c'est clair comme le jour... Figurez-vous qu'il y a trois mois, j'étais venu dans ce même bois de Boulogne, avec un pistolet, comme vous!... et qu'au moment de me loger une balle dans la tête... genre de locataire qui casse tout dans la maison... tout à coup, à vingt pas, dans une allée, des cris affreux se font entendre : Au secours ! à moi !

DE CERNAY.

Et ces cris, c'était ?...

OSCAR.

Un cheval, attelé à un briska, et qui avait pris le mors aux dents... ce n'était pas le cheval qui criait, bien entendu, mais une jeune fille charmante, accompagnée d'un monsieur fort laid, et que j'ai su depuis être l'auteur légal de ses jours. (*Avec sentiment.*) Ah ! c'est bien plutôt moi qui le suis, l'auteur de ses jours !

DE CERNAY.

Comment ! cette jeune fille...

OSCAR.

Elle allait périr, lorsque le pistolet au poing, je m'élance au devant du cheval qui déjà était près de rouler avec la voiture dans le fossé des fortifications, et, à bout portant... pan !... je l'étends sur le carreau... il n'y avait pas de carreau, mais je l'y étends tout de même.

DE CERNAYS

Comme vous avez dû être heureux !

OSCAR.

Au contraire !... Est-ce que cet enragé de cheval, en tombant, n'est pas tombé sur moi, exprès !... est-ce qu'il ne s'est pas vautré et dandiné sur toute ma surface !... (*À lui-même.*) Canaille de Pompée !... (*A de Cernay.*) il est mort, n'en parlons plus. Mais moi, quelle maladie j'ai faite !

DE CERNAY.

Ah !

OCTAVE.

Oh ! une maladie !... (*gaiement*) une charmante maladie, du reste... dans une jolie petite maison de campagne où je suis resté deux mois et demi, choyé, dorloté, comblé de tisannes par l'ange que j'avais arrêté sur le bord de l'abime.

DE CERNAY.

Et sans doute la reconnaissance a fait naître l'amour.

OSCAR.

Mon Dieu, oui, l'amour est venu... il est venu, ce diable d'amour, et... (*Se rapprochant.*) Il faut que je vous dise le fin mot.

DE CERNAY.

Dites, vous m'intéressez beaucoup.

OSCAR.

Mille fois trop bon. (*En confidence.*) Je suis un assez mauvais sujet... mais au fond, j'ai... ça ne peut pas s'appeler de la vertu... Ah ! bien oui !... appelez-ça,, si vous le voulez bien... des principes... le mot ne vous paraît trop fort ?

DE CERNAY, *souriant.*

Non, non, du tout. (*A lui-même.*) Il est très-original, ce garçon.

OSCAR.

Eh bien ! m'apercevant que l'amour s'était glissé dans le cœur de ma garde-malade, et que le même amour commençait à me faire maigrir depuis que je me portais bien, je me dis, un beau soir : (*Au public.*) Elle est riche, tu n'as pas le sou, comment tout ça finira-t-il ?... Malheureux ! est-ce que tu voudrais précipiter dans l'abîme la faible femme que tu as empêché de tomber dans les fortifications ?... (*A de Cernay.*) Je n'avais pas terminé ce soliloque, que déjà j'avais ouvert la porte, et que, sans prendre congé de personne ni laisser mon adresse, j'avais disparu, malhonnête, mais vertueux.

DE CERNAY.

C'est très-beau, Monsieur.

OSCAR.

Au contraire ! c'est très-bête ; car ça m'a encore fait faire des sottises ; ça m'a forcé d'écrire à mon oncle pour qu'il m'envoyât encore de l'argent, à l'effet d'acheter un collier de perles à sa fille, ma future... (*Gaiement.*) J'ai mangé les perles avec Octavie, une danseuse de l'Opéra. (*Changeant de ton et montrant son mouchoir avec intention.*) Et voilà mon collier de noces ; il n'est pas brillant, mais il est plus sûr qu'un pistolet.

DE CERNAY, *allant à l'arbre de droite.*

Oh ! le mien est excellent.

OSCAR, *allant à l'arbre de gauche:*

Oh !... le vôtre !... le vôtre !... (*Il passe un mouchoir dans une des hautes branches praticables du bouleau ; pendant ce temps, de Cernay qui lui tourne le dos, assujettit la capsule de son pistolet ; puis tout à coup, Oscar, sans interrompre ses préparatifs, tourne légèrement la tête vers de Cernay qui continue également les siens, et lui dit négligemment :*) Ah ! ça, mais j'y pense... Et vous... pourquoi diable, Monsieur, voulez-vous vous tuer ?

DE CERNAY, *sans se déranger.*

Pourquoi ?... Je suis amoureux... amoureux comme un fou.

OSCAR, *de même.*

Inutile d'ajouter comme un fou... votre action le prouve assez.

DE CERNAY, *laissant là son pistolet, quittant son arbre et s'avançant de quelques pas.*

Tenez... Il y a quinze mois, je demandai en mariage une jeune fille charmante avec laquelle j'avais été élevé.

OSCAR, *toujours sans se déranger, mais regardant de Cernay.*

Ah ! bon !... le père vous refusa, et...

DE CERNAY.

Au contraire, il accueillit ma demande avec la plus franche cordialité; mais sa fille avait à peine seize ans, et il ajourna la réalisation de nos projets à l'année suivante.

OSCAR, *faisant quelques pas vers de Cernay.*

De façon qu'il vous a fait attendre dix-sept ans. (*De Cernay le regarde sans comprendre.*) Oui, qu'elle eût dix-sept ans.

DE CERNAY.

Juste !...

OSCAR.

Continuez, je vous suis.

(*Ils sont sur le devant de la scène.*)

DE CERNAY.

C'est alors que je partis pour New-York où m'appelait depuis longtemps le partage interminable d'une succession.

OSCAR, *à lui-même.*

Quelle succession d'événements !...

DE CERNAY.

Enfin, il y a trois jours, je rentrai en France, à Paris, et, le cœur plein d'espoir, je revis celle que j'aimais, celle qui devait être ma femme.

OSCAR, *d'un ton tragi-comique.*

N'achevez pas !... Elle était mariée.

DE CERNAY.

Non.

OSCAR.

Ah !... ça m'étonne.

DE CERNAY.

Mais ce n'était plus la jeune fille heureuse et confiante que j'avais quittée ; cette jeune fille qui avait versé tant de larmes à mon départ, qui m'avait fait promettre de lui écrire cent fois pendant mon absence... car elle m'aimait alors, Monsieur... oh ! oui, elle m'aimait bien !...

OSCAR.

Aussi pourquoi diable allez-vous à New-York?

CERNAY, *continuant son récit.*

Elle était triste, embarrassée, confuse, et en l'absence de son père, elle m'avoua en pleurant que son cœur ne lui appartenait plus.

CERNAY.

AIR : *De la robe et des bottes.*

J'appris de sa bouche cruelle,
Qu'il me fallait rompre ce doux hymen.
  « Au nom de l'honneur, me dit-elle,
  » Monsieur, renoncez à ma main.»
Mais cette main, mon unique espérance,
  Je ne pouvais y renoncer
  Sans renoncer à l'existence,
Et c'est par là que je vais commencer.

(*Ils s'éloignent l'un de l'autre.*)

OSCAR.

Elle est très-intéressante votre histoire, mais la conclusion en est absurde.

CERNAY.

Vous dites?...

OSCAR, *allant à lui.*

Je dis qu'il est absurde de se tuer pour une femme.

CERNAY, *le rejoignant*

Mais alors, Monsieur, vous devriez vous dire cela à vous-même.

OSCAR.

Moi! (*Riant très-fort.*) Ah! ah!... Si vous croyez que c'est pour une femme que je veux me... Ah! ah! ah! mais non!... mais du tout!... (*Changeant de ton et confidentiellement.*) Voulez-vous savoir ce qui me met le.... le mouchoir à la main?... c'est l'impossibilité où je me trouve de manger douze mille francs par an.

CERNAY.

Je ne vous comprends pas... (*Souriant.*) Car manger douze mille francs par an, n'est pourtant pas bien difficile.

OSCAR.

De les manger, non... mais de les avoir... pour les manger, voilà le difficile !

CERNAY.

C'est donc chez vous une habitude telle...

OSCAR.

Je ne vous dirai pas que c'est une habitude d'enfance... Certainement, je ne l'ai pas prise en nourrice; mais depuis que j'ai l'âge de raison, j'ai l'habitude de jeter l'argent par les fenêtres. Or, comme je n'ai plus ni argent ni fenêtre, je vais moi-même me lancer dans l'espace. Allons, un dernier adieu, et bonne chance... je vous laisse le choix des arbres... j'espère que c'est gentil ça !...

DE CERNAY, *souriant.*

Je vous remercie de votre politesse... mais, à un arbre, non !...

OSCAR, *haussant les épaules.*

(*A lui-même.*) Est-il dégoûté, donc !...

(*Pendant que de Cernay s'est dirigé vers son arbre, Oscar s'est dirigé vers le sien en fredonnant*) :

« C'est la mèr' Michel qu'a perdu son chat,
» Ell' demande à tout l' mond' qu'est-'c' qui lui rendra. »

DE CERNAY, *assis au pied de l'arbre de droite, tout en préparant de nouveau son pistolet et sans se tourner vers Oscar.*

Pardieu! je pense à une chose... Ne m'avez-vous pas dit qu'il vous fallait absolument douze mille francs par an, pour vivre heureux ?...

OSCAR, *qui est monté sur le tertre de gazon pour accrocher son mouchoir à l'arbre.*

Ou mille francs par mois... vous avez la mémoire du chiffre.

DE CERNAY.

Eh bien ! ces mille francs par mois, je puis vous les procurer...

OSCAR, *se tournant tout à fait vers de Cernay, avec surprise.*

Vous voulez me faire votre héritier?

DE CERNAY, *de même et toujours sans regarder Oscar.*

Non, mais avec un mot que je vous remettrais pour certaine personne. (*Avec un léger soupir.*) Et qui s'empresserait au moins d'exécuter ma volonté dernière...

OSCAR, *sautant en bas du tertre, avec joie.*

Vrai? (*Remettant son mouchoir dans sa poche.*) Alors, je ne me pends plus. (*Changeant de ton.*) Ah! ça, j'espère que ce n'est pas par des moyens contraires à la délicatesse?

(*Il rejoint de Cernay.*)

DE CERNAY, *se levant et souriant.*

Oh!...

OSCAR.

Oui, oui, j'avais tort... (*Gaiement.*) Eh bien! qu'est-ce que j'aurai à faire pour empocher ces douze mille francs par an?

DE CERNAY.

Peu de chose. (*Oscar se frotte les mains.*) Vous mettre à la tête d'une usine très-importante...

OSCAR.

Ah! il faut que je travaille!

DE CERNAY.

Sans doute!

OSCAR.

Oh! bien, alors, merci!... j'aime mieux me pendre. La proposition est superbe, mais j'aime mieux me pendre. (*S'éloignant, à lui-même.*) Travailler!... (*Avec dégoût.*) Heu!... (*Ils font quelques pas en se tournant le dos. Oscar regagne son arbre. Cernay remonte un peu la scène.*)

DE CERNAY, *à lui-même.*

Un joyeux garçon! c'est dommage!

OSCAR, *à lui-même.*

Un brave homme! c'est triste de voir mourir des gens si bons que ça.

DE CERNAY, *armant son pistolet avec un léger effort.*

Allons!...

OSCAR, *qui s'est retourné, a vu le mouvement de Cernay; se précipitant sur lui pour lui arrêter le bras.*

Eh bien! eh bien! qu'est-ce que c'est!... Voyons donc, voyons donc, mon cher... collaborateur, vous êtes trop pressé, que diable! est-ce qu'il n'y aurait pas moyen d'arranger cette affaire-là?

DE CERNAY, *vivement.*

Vous acceptez mon offre?

OSCAR, *avec entraînement.*

Non, je parle de vous, de vous que j'aime, qui avez voulu me rendre service... et qui êtes riche. Est-ce qu'on doit à votre âge et avec votre fortune!... c'est bête comme chou.

DE CERNAY.

Mais alors, vous-même, vous consentiriez donc à vivre?

OSCAR.

Moi! pourquoi faire?... vous, votre future peut vous aimer encore!... la femme change...

DE CERNAY, *avec tristesse.*

Oh!

OSCAR, *à lui-même et avec mépris.*

Mais la fortune!... (*A de Cernay.*) Et, tenez, je vais vous paraître superstitieux... Mais, il me semble que, moi dont la vie n'est bonne à rien, j'ai été envoyé ici pour sauver la vôtre.

DE CERNAY.

Comment?

OSCAR.

Il y a dans notre rencontre quelque chose de... tranchons le mot... de tellement providentiel...

DE CERNAY, *à lui-même et comme réfléchissant à ce que vient de dire Oscar.*

Oui, c'est assez étrange !

OSCAR.

Le hasard seul ne fait pas de ces coups-là.

DE CERNAY.

En effet... Ce ne peut-être le hasard qui a voulu que deux hommes, ayant le même projet, se rencontrassent ici, sans se connaître.

OSCAR, *avec joie.*

N'est-ce pas ?

DE CERNAY, *avec conviction.*

Il est évident que, dans la pensée de la Providence, nous ne sommes pas venus ici pour mourir.

OSCAR.

Ah ! un instant !... vous, à la bonne heure, mais...

DE CERNAY.

Laissez-moi achever... pour mourir aujourd'hui du moins.

OSCAR.

Vous voulez remettre la partie à demain ?

DE CERNAY, *continuant sa pensée.*

Donnons aux événements le temps de se produire, soit contre nous, soit pour nous. S'ils continuent à nous tenir rigueur, si dans un an, à compter de ce jour...

OSCAR.

Un an ! diable !...

DE CERNAY.

Il faut bien cela pour savoir à quoi nous en tenir. Donc, dans un an, à pareil jour, trouvons-nous ici, à cette place...

OSCAR.

A cette place, pour nous?...

DE CERNAY.

Oui, si rien n'est changé à notre sort...

OSCAR, *achevant la pensée de de Cernay.*

Ou pour vivre joyeusement ensemble...

CERNAY.

Si le sort nous a favorisés. Ça vous va-t-il?

OSCAR.

Eh bien!... ma foi, oui! c'est original, et ça me plaît!... (*Après réflexion, à lui-même.*) Tout ça, c'est très-bien!... Mais, comment vais-je faire, d'ici à un an... sans le sou dans ma poche!...

CERNAY, *qui l'a entendu.*

Ah!... (*Souriant.*) Vous avez raison!...

OSCAR,

Quoi donc?

CERNAY.

Puisque nous prenons l'engagement de vivre, il est tout naturel que je vous en fournisse le moyen.

OSCAR.

Oui, ça me parait assez juste.

CERNAY, *tirant son portefeuille pour écrire; à lui-même.*

Un mot à mon banquier... (*trouvant des billets de banque dans le portefeuille*) Que vois-je... Ces billets de banque que Baptiste devait porter... Ah! parbleu! voilà un oubli!... (*Haut*) Tenez, faites-moi l'amitié d'accepter ce portefeuille.

OSCAR.

Ah! ça, voyons donc!... c'est une plaisanterie, n'est-ce pas?

CERNAY.

Une plaisanterie?

OSCAR.

Comment! vous voulez!...

CERNAY, *tendant toujours son portefeuille à Oscar.*

Il ne contient que dix mille francs... pas tout à fait la somme dont vous aviez besoin pour une année... (*souriant*) car en venant ici, je ne pouvais prévoir...

OSCAR.

Alors, du moment qu'il ne contient pas toute la somme dont j'ai besoin...

CERNAY.

Vous refusez?

OSCAR, *prenant le portefeuille.*

J'accepte, mais à la condition que si, dans un an, j'ai fait fortune...

CERNAY.

Vous me rendrez cette somme, c'est convenu... Ah! ça, soyons fidèles au-rendez-vous.

OSCAR.

Vous ne me connaissez pas... Quand je devrais apporter ici ma malle!

CERNAY.

Nous sommes aujourd'hui, le 1er septembre (*tirant sa montre.*) Et il est cinq heures du soir...

OSCAR, *voulant tirer sa montre qu'il ne trouve pas.*

Et il est... *à lui même.* Je veux dire et elle est... chez ma tante.

CERNAY.

Jurons donc que le 1er septembre de l'année prochaine, à cinq heures du soir, nous nous retrouverons au pied de ces deux arbres.

OSCAR.

Je le jure!

CERNAY.

Je le jure!

OSCAR.

Ah! ça, mon cher ami, de quel côté allez-vous?

CERNAY.

Je vais à Paris.

OSCAR.

Moi de même.

CERNAY.

Eh bien! partons ensemble. (*Ils remontent la scène bras dessus bras dessous*).

OSCAR.

C'est ça, nous allons prendre une citadine à la porte Maillot; le cocher me jettera chez mon tailleur, et vous, (*appuyant*) chez votre belle.

CERNAY, *s'arrêtant tout à coup, et s'écriant.*

Ah! quel souvenir!... c'est impossible...*

OSCAR.

Quoi donc? *Ils redescendent la scène.*

CERNAY, *vivement et avec émotion*

Je ne peux plus la revoir...

* Cernay, Oscar.

OSCAR.

Et pourquoi?...

CERNAY.

Vous ne savez pas ce que j'ai écrit, aujourd'hui, à celle que j'aime?

OSCAR.

Je ne m'en doute nullement.

CERNAY.

Eh bien! je lui ai écrit, à Rouen, où elle est allé passer un jour chez une de ses parentes : « Mademoiselle, quand vous recevrez cette lettre, j'aurai cessé de vivre. »

OSCAR.

Eh bien! qu'est-ce que ça fait?

CERNAY.

Ça fait qu'en me voyant, elle croira que j'ai voulu l'attendrir par un semblant de suicide, elle croira... oh! non, non, Monsieur, tout espoir de bonheur est perdu à jamais pour moi!

OSCAR, à lui-même, et retirant le portefeuille de sa poche, pour le rendre à Cernay.

Sapristi! c'est désagréable, ça! je commencais à m'y faire. (*à de Cernay, en renfonçant tout à coup le portefeuille dans sa poche*) Ah! nous sommes sauvés!

CERNAY.

Comment?...

OSCAR.

A quelle heure avez-vous mis votre lettre à la poste?

CERNAY.

Aujourd'hui à trois heures.

OSCAR.

Bravo!... la poste ne part qu'à six heures, et en partant avec elle, vous arrivez à Rouen en même temps que votre missive.

CERNAY, gagnant la gauche.

Mais le moyen d'empêcher qu'elle soit remise!

OSCAR, gagnant peu à peu la droite.

Rien de plus facile : vous vous postez à la porte de la dite parente, vous assassinez le facteur, vous lui reprenez votre lettre, et l'honneur est sauvé.

CERNAY, sans l'écouter, à lui-même.

Oh! oui, oui... J'entrevois un moyen...

OSCAR, *se rapprochant de lui.*

Vous l'assassinez?

CERNAY.

Hein?...

OSCAR.

Le facteur?

CERNAY.

Quoi?...

OSCAR.

Je demande si...

CERNAY

Pardon, mais je n'ai pas de temps à perdre... vite au chemin de fer de Rouen!

OSCAR.

Et moi, au *Prophète!*

FIN DU PREMIER ACTE.

ACTE II.

Un salon. — Porte au fond ; portes latérales. — Parmi les meubles on remarque un secrétaire placé à gauche. — Une cheminée, à droite, supportant une pendule, des vases, etc.

SCÈNE PREMIÈRE.

MARIANNE, *puis* DUBRUEL.

(Au lever du rideau, on entend un coup de sonnette à gauche.)

MARIANNE.

Ah ! c'est Monsieur qui sonne... et c'est la troisième fois..... (*Allant à gauche.*) Tout de suite, Monsieur. (*Second coup de sonnette.*) Ah ! Mademoiselle est levée... (*Criant.*) J'y vais, Mademoiselle, j'y vais !...

DUBRUEL, *appelant en dehors.*

Gaspard ! Gaspard ! * Ah ! mon Dieu !... mais on ne viendra donc pas !... (*Entrant.*) Tiens ! c'est Marianne, la femme de chambre de ma fille... Je sonnais justement Gaspard pour savoir... Eh bien ! dis moi, Marianne, ma fille a-t-elle fait un bon voyage ?

MARIENNE.

Oh ! oui, Monsieur. Nous sommes arrivées hier de Rouen, à minuit... et comme Monsieur dormait, Mademoiselle n'a pas voulu que je le réveillasse.

DUBRUEL.

Que je le réveillasse !... Mais il fallait me réveillasser... (*Se reprenant.*) Me réveiller, Marianne ; une fille que je n'ai pas vue depuis vingt-quatre heures ! (*On resonne à droite.*)

MARIANNE.

Ah ! la voilà qui sonne encore !

DUBRUEL.

Un instant !... Et ma *Gazette des tribunaux*, mes *Petites affiches ?*

MARIANNE, *indiquant le secrétaire, qui est ouvert.*

Gaspard vient de les poser là.

(Elle entre dans l'appartement de droite.)

* Dubreuil, Marianne.

DUBRUEL, *seul, apercevant des journaux placés sur le bureau du secrétaire.*

Ah ! bien ! bien ! (*Il met la* Gazette des tribunaux *dans sa poche, et ouvrant les* Petites affiches.) Voyons vite si mon annonce... (*Il la cherche.*) C'est moi-même qui l'ai rédigée, et j'ose dire que Bossuet, le grand Bossuet, l'aigle de Meaux, n'a jamais rien écrit de mieux tapé. (*La trouvant.*) Ah! voilà l'enfant de ma veine.

SCÈNE II.

JENNY, DUBRUEL.[*]

JENNY, *accourant à son père.*

Bonjour, papa.

DUBRUEL, *l'embrassant.*

Et voici une autre production. (*Il met les* Petites affiches *dans sa poche.*) Bonjour, bonjour, ma fille ; il s'est passé bien des choses, va, depuis vingt-quatre heures! J'en ai long à t'apprendre.

JENNY, *jouant la surprise.*

Vraiment !

DUBRUEL.

D'abord, hier, M. de Cernay, qui était déjà venu la veille, à ce qu'il paraît, sans me rencontrer chez moi...

JENNY, *à part.*

Oui... (*Haut.*) Eh bien, il est revenu hier ?

DUBRUEL.

Non... mais il m'a écrit... n'osant me faire cet affront en face, il m'a écrit que pendant son séjour à New-York, il avait réfléchi... réfléchir à New-York !... et que décidément il renonçait à devenir mon gendre.

JENNY, *à part.*

Il m'a tenu parole. (*Haut.*) Eh bien ! papa, nous tâcherons de nous en consoler.

DUBRUEL.

Oui... Oh ! je sais bien, tu es toute consolée, toi... avec ton M. Oscar.

JENNY, *soupirant.*

Oh ! mon Dieu ! qui sait si je le reverrai jamais!

[*] Dubreuil, Jenny.

DUBRUEL.

Plût au ciel!

JENNY.

Ah! papa!...

DUBRUEL.

Un malheureux qui a tué mon cheval Pompée... un cheva-
licide!

JENNY.

Mais vous savez bien que c'était pour nous sauver.

DUBRUEL.

Je sais, je sais..... C'est-à-dire que je ne sais rien du
tout.

JENNY.

Comment! nous allions à Longchamps, à notre maison de
campagne, nous traversions le bois de Boulogne, en briska...
lorsque tout à coup, près de la rivière, le cheval s'emporte...

DUBRUEL.

Je crois bien!... Pompée qui ne savait pas encore qu'il y
avait une rivière dans le bois de Boulogne!

JENNY.

Je m'effraie, je pousse des cris...

DUBRUEL.

Et moi, donc!

JENNY.

Au même instant, un jeune homme s'élance d'un fourré...

DUBRUEL.

Il était gentil! ton jeune homme, sans chapeau, sans cra-
vate...

JENNY.

Il se précipite à mon secours.

DUBRUEL.

Un pistolet au poing.

JENNY.

Mais, quand j'ai crié, il était près de là, dans un tir, il vous
l'a dit.

DUBRUEL.

Je me suis informé : dans le bois de Boulogne, on ne tire
qu'aux macarons.

JENNY, *avec une légère impatience.*

Mais toujours est-il, qu'au risque de sa vie, et pour protéger
la nôtre, il se jette au-devant du cheval, fait feu...

DUBRUEL.

Nous manque..... (*Se reprenant.*) Nous manque avec intention... mais il tue Pompée... Et toi, tu trouves ça superbe !

JENNY.

Ah ! vraiment, papa !

DUBUEL.

Mon Dieu ! je ne te dis pas qu'il ait voulu nous arrêter.....

JENNY.

Quelle horreur !

DUBRUEL.

Et cependant, à la manière dont Pompée, en tombant, est tombé sur lui.

JENNY.

Que voulez-vous dire ?

DUBRUEL.

Rien ; mais Pompée avait peut-être ses raisons... un cheval qui a servi cinq ans dans la gendarmerie !...

JENNY.

Vraiment, papa, vous avez juré de me désespérer.

DUBRUEL.

Mais si je voulais te désespérer, ma pauvre fille, je te dirais que ton jeune homme s'appelle Oscar tout court, qu'il est sans famille et sans domicile connus, et qu'après trois mois de soins dans notre maison de campagne, il en est sorti un beau soir, il y a huit jours, avec l'intention fallacieuse d'aller voir la cascade dans le bois, et que depuis lors...

JENNY, *soupirant.*

Je ne l'ai plus revu.

DUBRUEL.

J'ai cherché tout de suite dans toute la maison, pour voir s'il n'avait rien emporté, mais je lui rends justice...

JENNY, *près de pleurer, remontant la scène.*

Oh ! tenez, mon père, vous avez des idées si affreuses...

DUBRUEL.

Puisque je te répète que je lui rends justice,* ma fille, et la preuve, c'est que fatigué des soupirs que tu vociferes depuis la disparition de cet aventurier... (*Se reprenant.*) de ce *quidam*, j'ai voulu te l'offrir aujourd'hui même pour ta fête.

---

* Jenny, Dubreuil.

JENNY.

M. Oscar !... je reverrais mon sauveur !

DUBRUEL.

Oui, l'assassin de Pompée. Mais tu comprends bien que je ne lui permettrais pas même de danser avec toi, si préalablement il ne me démontrait pas que cette tache est la seule qui souille son blason.

JENNY, *tout entière à sa joie.*

Le revoir !... lui !... Ah ! papa, mon cher petit papa ! je vous en prie, ne me donnez pas une fausse joie.

DUBRUEL.

Je te donne ce que j'ai... les *Petites affiches.*

(*Il les retire de sa poche.*)

JENNY.

Comment ?

DUBRUEL, *lui remettant les* Petites-affiches.

Tiens, lis; C'est un article que ton propre père a rédigé lui-même, hier, après avoir reçu la démission matrimoniale de M. de Cernay. (*A part.*) Sans cette circonstance navrante... (*A Jenny.*) Y es-tu ?

JENNY.

Oui, papa. (*Lisant.*) « M. Dubruel, n° 5, rue Labruyère, ancien moraliste... » (*Elle s'interrompt avec surprise.*) Ancien moraliste !..

DUBRUEL.

Oui, Labruyère... pas moi.

JENNY, *reprenant.*

« A l'honneur d'inviter au bal qu'il donnera demain, 2 sep-
» tembre, à dix heures toutes les personnes célibataires, du
» sexe masculin, répondant au prénom d'Oscar... » (*Lisant avec hésitation.*) « Il y aura une récompense honnête. » (*A Dubruel stupéfait.*) Que signifie ?

DUBRUEL, *prenant le journal.*

Une récompense honnête ! Mais il n'y avait pas ça dans ma réclame. (*S'assurant par ses yeux.*) Si fait ! ça y est... ça sera venu au bout de ma plume... la force de l'inspiration !..... et puis je venais de perdre mon pauvre César, un ami de Pompée... Oh ! j'aurais bien mieux fait de le réclamer, lui, que cet Oscar perdu !

JENNY, *avec découragement.*

Mais, papa, il est impossible que M. Oscar lise cette an-nonce !

DUBRUEL.

Erreur, ma fille, tous les Oscar lisent les *Petites affiches*, tous sans exception, et lui plus qu'un autre : il doit chercher une place.

JENNY, *dépitée et s'asseyant.*

Ah !

(Elle prend une broderie et travaille.)

SCÈNE III.

LES MÊMES, GASPARD, CHAFFOUIN.*

GASPARD, *à Chaffouin dans le fond.*

Mais, Monsieur, pour que je vous annonce, dites au moins votre nom.

CHAFFOUIN.

C'est inutile, votre maître ne me connaît pas.

DUBRUEL.

Qu'y a-t-il ?

(Gaspard sort.)

CHAFOUIN, *s'avançant.*

C'est à M. Dubruel que j'ai l'honneur de parler ?

DUBRUEL.

A lui-même... à moi-même.

CHAFFOUIN, *à Jenny.*

Pardon, Mademoiselle, si je n'ai pas encore eu l'honneur de vous saluer. (*A Dubruel.*) Mademoiselle est la vôtre ?

DUBRUEL.

Eh ! oui, Monsieur.

CHAFFOUIN.

Elle est fort jolie pour son âge. Est-elle musicienne ?

DUBRUEL.

Monsieur, quand on possède un père qui a de la littérature, on est toujours musicienne. Mais qui est-ce qui me procure le plaisir de vous voir ?

CHAFFOUIN.

Une demi-tasse, Monsieur.

DUBRUEL.

Plaît-il ?

* Jenny, Chafouin, Dubreuil.

CHAFFOUIN.

Oui, Monsieur, une simple demi-tasse, que tout à l'heure j'étais en train de prendre à l'estaminet du *Caprice*, lorsque, tout à coup, votre gracieuse invitation à tous les Oscar célibataires et mâles, me fit faire : Ah!... et ce ah! me fit casser mon petit verre.

DUBRUEL.

Qu'entends-je!... mais pour vous inoculer ainsi dans mon domicile, vous êtes donc un Oscar?

CHAFFOUIN.

Moi? pas du tout; je suis un Alfred.

DUBRUEL.

Un Alfred!... Comment! quand j'invite des Oscar, ce sont des Alfred qui m'arrivent!

CHAFFOIN.

C'est tout naturel.

JENNY, *à elle-même, toujours assise et travaillant.*

Ah bien! si ça continue comme ça...

CHAFFOUIN.

AIR : *Vaudeville de l'homme vert.*
De voir vos Oscar je m'empresse,
Et viens, sans invitation,
Chercher celui qui m'intéresse,
Parmi votre collection.

DUBRUEL.

Mais, Monsieur...

CHAFFOUIN.

La chose est facile,
A Paris, l'Oscar est commun,
Si chez vous il en vient un mille,
Vous pouvez bien m'en céder un.

JENNY, *à elle-même, quittant son ouvrage.*

Ah! c'est pour chercher quelqu'un de ce nom-là?

DUBRUEL, *se contenant.*

Monsieur Alfred... vous comprenez que c'est bien assez que tous les Oscar de Paris et de la banlieue infestent de leur présence le bal que je donne ce soir, à dix heures, sans que...

CHAFFOUIN.

Ce soir!... Quoi! ce n'est pas pour ce matin ?

DUBRUEL.

Un bal, le matin !... (*Riant.*) Ah ! ah ! ah !... vous me faites bien rire, Alfred !...

CHAFFOUIN.

Mais, Monsieur, vous avez mis « à dix heures, » tout simplement... et comme dans le grand monde on donne des matinées dansantes... des *lunch*... j'avais cru...

JENNY *qui s'est levée.*

Oui, papa, oui, votre annonce ne dit pas si c'est le matin ou le soir... (*A Chaffouin.*) Et Monsieur cherche donc un Oscar ?... Pardon , si je vous parais indiscrète, mais cet Oscar...

CHAFFOUIN.

Est mon gendre, Mademoiselle.

JENNY, *soupirant et allant reprendre son ouvrage.*

Ah !... ce n'est pas lui !

CHAFFOUIN, *confidentiellement à Dubruel.*

C'est-à-dire que voilà trois ans qu'il est en train d'épouser ma fille.

DUBRUEL.

Eh ! Monsieur, qu'il achève de l'épouser, votre fille !... et fichez-moi la paix... Ce que je vous dis là n'est pas littéraire, mais c'est littéral ; fichez-moi la paix.

CHAFFOUIN, *presque suppliant.*

Monsieur... je viens de Corbeil, tout exprès pour découvrir cet Oscar, qui est mon neveu, et qui m'a mangé déjà plus de quarante mille francs en corbeilles.

DUBREUL.

Pas *en*, mais *à* Corbeil... Parlez-donc votre langue !

CHAFFOUIN.

Non, en corbeilles, qu'il était censé toujours m'envoyer à Corbeil. Vous confondez Corbeil et corbeille... il y a Corbeil, pays, et corbeille de mariage... c'est celle-là que mon neveu a mangée.

DUBREUL.

Corb... (*Se reprenant.*) J'allais dire Corbeil... Corbleu ! avez-vous fini ?

CHAFFOUIN.

Pas tout à fait. J'en ai encore jusqu'à dix heures du soir... Oh ! permettez-moi d'attendre mon Oscar chez vous... je n'y prendrai rien... rien qu'une chaise, (*Il fait le mouvement de s'asseoir, Dubruel s'y oppose.*) et je vous appellerai mon père,

et je raccommoderai vos instruments, car je suis accordeur
de pianos... Avez-vous un piano?

DUBRUEL.

Eh! non, Monsieur.

JENNY, *qui s'est levée de nouveau.*

Mais si, papa... et le mien donc, qui n'est pas du tout d'accord! et si, ce soir, pour ma fête, on veut faire un peu de
musique!... (*Elle sonne.*) C'est même très-heureux que Monsieur soit venu... (*A un domestique qui paraît.*) Gaspard, con-
duisez Monsieur dans le petit salon.

CHAFFOUIN.

AIR : *Allons, allons, dépêchons-nous* (*Esprit frappeur*).

Merci, jeune beauté, merci,
Grâces à vous, je reste ici,
Et j'espère que le hasard
M'y fera trouver mon Oscar.

JENNY.

Plus de chagrin, plus de souci,
Oui, vous pouvez rester ici;
Espérez donc que le hasard
Vous fera trouver votre Oscar.

(*Chaffouin sort suivi du domestique.*)

SCÈNE IV.

JENNY, DUBRUEL, *puis* **OSCAR,** *superbement vétu, portant
chaîne, montre, bague, etc.* *

DUBRUEL, *à lui-même.*

Quel animal! (*A Jenny.*) Eh bien! ma fille, tu le vois, les
Oscar sont introuvables, et peut-être devrais tu te rabattre
sur les Alfred.

JENNY.

Ah! mon père!...

DUBRUEL.

Je ne te parle pas de cet affreux accordeur... mais il y a
d'autres Alfred, que diable!... il doit y en avoir d'autres.

OSCAR, *en dehors.*

John, jetez la couverture sur Félina!

---

* Dubruel, Jenny.

JENNY.

Cette voix.

OSCAR, *entrant, il a un cigare à la bouche.* — *A la cantonnade.*

Et faites lui prendre une botte de foin sucré avec un picotin au vin de Champagne.

JENNY.

M, Oscar !

OSCAR.

Elle !... (*A Dubruel.*) Vous !... moi !

DUBRUEL.

Lui !

OSCAR.

Nous ! c'est la félicité en trois personnes !

ENSEMBLE.

AIR : *Beaux jours de mon enfance.*

JEFNT.

Après huit jours d'absence
Le voilà (*bis*) revenu,
J'éprouve en sa présence
Un bonheur (*bis*) inconnu.

OSCAR.

Après huit jours d'absence
Me voilà (*bis*) revenu,
Loin de vous l'espérance
M'a toujours (*bis*) soutenu.

DUBRUEL.

Après huit jours d'absence
Le voilà (*bis*) revenu,
J'étais à tort, je pense,
Contre lui (*bis*) prévenu.

OSCAR, *à Jenny.*

Encor plus adorable...
A Dubruel   Toujours gai, toujours vert.

JENNY.

Ah ! comme il est aimable !"

DUBRUEL.

Comme il est bien couvert !

REPRISE D'ENSEMBLE.

Après huit jours, etc.

* Dubruel, Oscar, Jenny.
** Dubruel, Jenny, Oscar.

OSCAR, *embrassant Jenny. — A Dubruel.*

Vous permettez ?... *

DUBRUEL,

Certainement.

OSCAR, *embrassant Jenny de nouveau — A Dubruel.*

Vous permettez ?...

DUBRUEL.

Je ne permets plus !

OSCAR.

Ah ! le gourmand !... C'est qu'il en veut aussi.

(*Il s'approche de Dubruel pour l'embrasser.*)

DUBRUEL *le repoussant et faisant allusion à Oscar qui fume.*

Il empeste le tabac. (*A Oscar qui s'obstine à vouloir l'embrasser.*) Voyons, voyons, jeune homme, soyez calme et inodore.

JENNY.

Mais, Monsieur Oscar, vous avez donc lu les *Petites Affiches* ?

OSCAR.

Les Petites Affiches ?... Ah ! pour acheter mes chevaux, ma voiture ?... Fi donc !... j'ai fait venir mes chevaux de Londres et ma berline de Berlin.

DUBRUEL.

Une berline de Berlin !... bigre !

OSCAR.

Elle a fait l'admiration de mon hôtel.

DUBRUEL.

Vous avez un hôtel ?

OSCAR.

Oui, l'hôtel des Princes, rue Richelieu. Oh ! j'ai des goûts très-modestes, moi. (*A Jenny.*) Une chaumière et son cœur. (*Jenny s'assied à droite, Oscar s'assied près d'elle.*)

DUBRUEL, *à lui-même, pendant qu'Oscar et Jenny causent bas.*

Une montre, une chaîne, des brillants !... (*Il va s'asseoir près d'eux.*)

OSCAR, *à Jenny avec laquelle il causait bas.*

Ah ! oui... pourquoi, il a y huit jours, je suis parti de chez vous sans prévenir personne ?...

DUBRUEL,

Ah ! ma fille vous demandait ?... J'allais vous le demander aussi... (*Il s'assied près d'eux.*)

OSCAR.

L'explication est bien simple... Un beau soir, je me dis : il

* Dubruel, Oscar, Jenny.

y a trois mois que je n'ai fait mon ménage... si j'allais faire un tour dans ma chambre?.. Là-dessus, je fais un tour sur les deux talons, et me voilà à Paris parlant à mon portier. Je lui demande ma clef, et au lieu de ma clef, savez-vous ce qu'il me remet?... (*S'adressant tour à tour et vivement à Jenny et à Dubruel.*) Non? non? une lettre cachetée de trois cachets noirs... Et savez-vous ce que m'annonce cette lettre triplement ténébreuse?... (*Même jeu.*) Non? non? (*Gaiement.*) Eh bien! elle m'annonçait la mort d'un oncle chéri... mon oncle Chaffouin, qui me laisse dix mille francs...

DUBRUEL.

De rentes?

OSCAR.

Oui, de rentes... (*A part et soupirant.*) pour cette année. (*Ils se lèvent tous trois.*)

JENNY.

Eh bien! papa, * j'espère qu'il est riche!

OSCAR, *à part.*

Je ne pouvais pas leur dire que c'est hier, un étranger... J'aime mieux tuer mon oncle.

DUBRUEL *qui a entendu les derniers mots, faisant un bond.*

Tuer votre oncle!

OSCAR.

Hein?...

DUBRUEL.

Vous venez de dire...

OSCAR.

Ah! oui... que la goutte a tué mon oncle. Ça vous étonne?

DUBRUEL, *à lui-même, souriant.*

Toujours mes anciennes idées... quelle bêtise!... (*Haut.* Mais j'y pense, puisque vous voilà, je vais donner l'ordre de consigner à la porte tous les autres Oscar.

OSCAR.

Comment! les autres Oscar? Est-ce que l'Oscar serait si demandé que ça dans la rue La Bruyère?

JENNY.

Oui, papa avait fait une réclame...

DUBRUEL.

Où je vous réclamais. Il y avait même une récompense honnête.

* Jenny, Dubruel, Oscar.

OSCAR, *riant très-fort.*

Ah ! ah ! ah ! une récompense honnête. Ah ! ah ! ah !

DUBRUEL, *désignant sa fille.*

Regardez...

OSCAR, *surpris et heureux.*

Quoi !... ce serait... *

DUBRUEL.

Ne rougis pas, ma fille, ne rougis pas ; j'autorise tes feux.

OSCAR.

AIR : *Vaudeville de l'héritière.*

Vous promettiez, pour récompense honnête,
Ces doux attraits, ce maintien réservé,
Ces jolis yeux, cette taille coquette
   A celui qui m'eût retrouvé?
   Par bonheur je suis arrivé !
   Cette récompense suprême,
   Nul ne saurait me l'arracher :
   Je me rapporte ici moi-même,
   Et c'est à moi de la toucher,
   Et j'ai le droit de la toucher.

(*Il fait le geste d'embrasser Jenny.*)

DUBRUEL.

Du tout, du tout, regardez, mais n'y touchez pas.

OSCAR.

Hein ?

DUBRUEL, *tendant la main à Oscar.*

Mais, touchez-là.

OSCAR *qui ne s'est pas aperçu que Dubruel lui tendait la main.*

Ah ! à la bonne heure ! (*Il va pour embrasser Jenny.*)

DUBRUEL *s'y opposant de nouveau.*

Mais non !... Je vous dis touchez-là... touchez dans la main de votre beau père.

OSCAR, *riant.*

Ah !

DUBRUEL.

Car si vous êtes légalement aussi riche que vous le dites ..

OSCAR.

Comment ! si je suis riche! Vous en doutez? (*Cherchant dans sa poche.*) Allons, puisqu'il vous faut des preuves... (*S'écriant.*) Ah !

* Jenny, Oscar, Dubruel.

DUBRUEL.

Quoi ?

OSCAR, *troublé.*

Mon portefeuille où était ma monnaie de poche !...

JENNY.

Vous l'avez perdu ?

DUBRUEL, *à part, doutant un peu.*

C'est assez drôle.

OSCAR, *se souvenant.*

Ah ! dans la poche de mon paletot !... et mon paletot est dans ma voiture... (*Appelant.*) John ! John !... (*A Dubruel.*) Je cours bien vite... (*A Jenny.*) Venez-vous, Jenny ?

DUBRUEL *s'interposant.*

Ma fille, je vous défends...

OSCAR.

C'était pour lui faire voir ma voiture... et mon paletot... mais tranquillisez-vous.

AIR : *Quatrième au-dessus de l'entresol.*

Mon portefeuile est en bas,
Je vais le chercher, beau-père,
Vous verrez bientôt, j'espère,
Que je ne vous mentais pas.

REPRISE ENSEMBLE.

OSCAR.

Mon portefeuille est en bas, etc.

JENNY.

Que rien n'arrête vos pas,
Contentez vite mon père,
Et notre bonheur, j'espère,
Oscar, ne tardera pas.

DUBRUEL.

Que rien n'arrête vos pas,
Songez à me satisfaire,
Car entre nous, plus d'affaire,
Si l'argent n'est point en bas.

(*Jenny sort à droite, Oscar par le fond, Gaspard entre par la gauche.*)

* Jenny, Dubruel, Oscar.

SCÈNE V.

DUBRUEL, GASPARD, puis BAPTISTE.

GASPARD. *

Pardon... Monsieur est seul ?

DUBRUEL.

Oui, pourquoi ?

GASPARD.

C'est que Baptiste, le vieux domestique de M. de Cernay,
est là depuis cinq minutes, et qu'il n'osait pas entrer tant
qu'il y avait du monde avec Monsieur.

DUBRUEL.

Le domestique de M. de Cernay !.. Que signifie ? .. Eh bien !
qu'il entre. (*A lui-même, pendant que Gaspard introduit Baptiste par la gauche.*) Est ce que M. de Cernay, qui m'a écrit
hier matin pour me décommander ma fille, se raviserait à
présent !.. Dans quel dédale ça m'embrouillerait, grand Dieu !
dans quel dédale !... (*A Baptiste qui s'avance.*) Eh bien ! Baptiste, qu'y a-t-il ? *

BAPTISTE.

Ah ! Monsieur, je suis d'une inquiétude !... Vous n'avez pas
vu mon maître ?

DUBRUEL.

M. de Cernay ?... Non, pourquoi ?

CAPTISTE.

C'est que j'ai passé toute la nuit à l'attendre, et qu'il n'est
pas encore rentré.

DUBRUEL.

Eh bien, qu'est-ce que ça me fait, à moi ?

BAPTISTE.

Pardon... Comme il m'a quitté hier soir, à cinq heures,
pour se rendre à votre maison de campagne, j'espérais...

DUBRUEL.

A ma maison de campagne ?... Mais dans quelle intention ?

BAPTISTE.

Je l'ignore, Monsieur... Tout ce que je sais, c'est qu'il est
descendu de voiture, dans le bois de Boulogne...

* Gaspard, Dubruel.
** Baptiste, Dubruel.

DUBRUEL.

Dans le bois de Boulogne?...

BAPTISTE.

Oui, près de l'avenue de Longchamps... il m'a dit, comme
ça, qu'il voulait faire le reste de la route à pied...

DUBRUEL.

Pour ménager son cheval... au moins, il a suivi la grande
avenue ?

BAPTISTE.

Non, Monsieur, il a voulu prendre à travers bois...

DUBRUEL.

A travers bois!... à cinq heures du soir !... quelle impru-
dence !...

BAPTISTE.

C'est justement ce que j'ai fait remarquer à Monsieur... car
il avait des bijoux, des valeurs... dix mille francs en billets de
banque que j'avais oublié de retirer de son portefeuille.

DUBRUEL.

Dix mille francs!... Sais-tu, Baptiste, que je commence à
partager vivement ton inquiétude!... Il m'est arrivé, à moi-
même, dans le bois de Boulogne, une aventure! Et depuis ce
temps là, j'ai toujours avec moi, même à Paris, des pistolets
chargés. (*Il désigne la cheminée sur laquelle des pistolets sont
placés d'une manière peu apparente. — Changeant de ton.*) Mais
dis-moi : quand tu as quitté ton maître dans le bois, n'as-tu
aperçu aucune figure... de ces figures... qu'on ne rencontre
que là?...

BAPTISTE.

Non, Monsieur.

DUBRUEL.

Il en rôde pourtant pas mal, dans les fourrés.

BAPTISTE, *se rappelant.*

Ah !...

DUBRUEL.

Tu en as rencontré?...

BAPTISTE.

Attendez donc!... oui... un jeune homme qui suivait la
même direction que mon maître et qui m'a renvoyé à
ma voiture, en me disant d'une voix assez extraordinaire...

DUBRUEL.

Une voix extraordinaire ?...

BAPTISTE.

« Qu'est-ce que tu fais donc là, toi ?... ton cheval se cabre...
il va s'emporter... cours donc vite !... »

DUBRUEL.

Eh bien ! c'est ça !

BAPTISTE.

Quoi, ça, Monsieur ?

DUBRUEL.

C'était pour t'éloigner.

BAPTISTE.

Je ne crois pas... non ; plus j'y pense, et moins je peux me
figurer un malheur.

DUBRUEL.

Eh bien ! oui... ne te le figure pas, vois-tu ; mais si tu lisais
la *Gazette des Tribunaux*, et si tu connaissais le bois de Boulogne !...

BAPTISTE.

N'importe... je suis tout de même bien inquiet. Mais je vais
partir pour Auteuil, où mon maître a sa maison de campagne... et peut-être qu'il aura été y passer la nuit... car je ne
peux pas me mettre en tête...

DUBRUEL, *souriant avec confiance.*

Ah ! mais, c'est vrai !... il aura été coucher à Auteuil... et
tu étais bien bon de te tourmenter... va, va, mon ami, va.

BAPTISTE.

Pardon, du dérangement, Monsieur.

DUBRUEL.

Il n'y a pas de mal, au contraire. *

OSCAR, *en dehors.*

Je vous chasse, entendez-vous, polisson, je vous chasse.

DUBRUEL, *à lui-même.*

Ah ! c'est mon gendre !

BAPTISTE, *voyant paraître Oscar.*

(*A lui-même.*) Ah ! mon Dieu !

* Dubruel, Baptiste.

SCÈNE VI.

LES MÊMES, OSCAR. *

OSCAR, entrant sans voir Baptiste qui est près de sortir.

On n'a pas idée de ça !... ce John qui s'amusait à promener ma voiture, et qui promenait en même temps mon paletot et mon portefeuille !... pourvu que mes billets de banque ne se soient pas promenés aussi !

(Il les compte à l'écart.)

BAPTISTE.

Mais cette figure, on dirait...

DUBRUEL, à Baptiste.

Hein ?... quoi ?... tu connais mon gendre ?...

BAPTISTE.

C'est votre gendre ?... Oh ! pardon, pardon, Monsieur !... j'avais cru reconnaître le jeune homme qui avait suivi mon maître dans le bois...

DUBRUEL, stupéfait, à lui-même.

Lui !...

OSCAR, qui achève de compter.

Le compte y est, beau-père, le compte y est ! ..

BAPTISTE, sortant, à lui-même, et parlant d'Oscar.

Et puis, la mise... non, non, ça ne peut pas être le même.

(Il sort par le fond) **

OSCAR.

Eh bien ! beau-père, qu'est-ce qui vous prend donc ? comme vous me regardez ?... est-ce que ça vous étonne, que je vous rapporte... Je suis sûr que vous croyiez que je ne reviendrais pas !... Vous êtes bien l'homme le plus méfiant...

DUBRUEL, avec contrainte.

Moi... mais pas du tout... je... (A lui-même.) Non, non, ce n'est pas possible.

OSCAR, qui a entendu.

Qu'est-ce qui n'est pas possible ?... que j'aie hérité de mon Chaffouin d'oncle ? Eh bien ? ce portefeuille vous dira le contraire. (Il le lui remet.) Hier encore, il contenait dix mille francs...

DUBRUEL.

Dix mille francs, hier ? (A part.) Juste la somme...

* Dubruel, Baptiste, Oscar.
** Dubruel, Oscar.

OSCAR.

Oui, hier... mais cette montre, ces breloques, ce diamant que j'ai achetés pour me présenter chez vous d'une manière décente, m'en ont écorné quatre... et comme en bonne arithmétique, qui de dix, ôte quatre, reste...

DUBRUEL, *apercevant sur l'extérieur du portefeuille* H. de C.
gravé en lettres d'or.

Son chiffre !... (*Poussant un cri.*) Ah !...

OSCAR.

Les billets sont faux !...

DUBRUEL, *à lui-même.*

H. de C. ! Hector de Cernay !

OSCAR, *gaiement.*

Sacristi ! comment ! mon vertueux oncle aurait été un faux monnayeur !

DUBRUEL, *à lui-même.*

Oh ! n'éclatons pas... il me chourinerait. (*Haut.*) Non, non ils sont excellents, au contraire, les jolis petits billets de votre oncle.

OSCAR.

Ah ! vous me remettez du baume... Mais que diable avez-vous donc encore ?

DUBRUEL.

Rien, rien qui vaille. Seulement, je trouve drôle, (*S'efforçant de rire.*) Oh ! oh ! oh !... je trouve trouve très-bouffon que vous, qui vous appelez Oscar, vous soyez détenteur d'un portefeuille portant ces initiales : d'abord, *H*; Oscar par un *H ?*

OSCAR.

Par un H?... (*A part.*) Aïe !... (*Par inspiration.*) Ah!... mais du tout, du tout, c'est le portefeuille de mon oncle.

DUBRUEL, *raillant.*

Oui, oui, oui, c'est juste... votre feu oncle que vous nommez...

OSCAR.

Chaffouin...

DUBRUEL.

Précisément.

OSCAR.

Eh bien?... (*Lui faisant voir les initiales.*) H. de C. Hercule de Chaffouin.

' Oscar, Dubruel.

3

DUBRUEL.

De Chaffouin?... Ah ! il est noble maintenant !

OSCAR, *avec sentiment.*

S'il est noble maintenant?... un homme qui est au ciel !

DUBRUEL, *à part et remontant la scène.*

Quel puits de scélératesse !... (*Indiquant le portefeuille.*) Vite, allons porter cette preuve de ses crimes... (*Haut.*) Ne vous impatientez pas, * mon charmant gendre, ne vous impatientez pas, je reviens.

OSCAR.

Eh bien ! eh bien ! beau-père, où courez-vous donc comme ça, avec mon portefeuille ?

DUBRUEL.

Votre portefeuille... mais...

(*Il fait le geste de le mettre dans sa poche, Oscar s'y oppose.*

OSCAR.

Vous voulez l'emporter à présent !... Voyons, voyons, pas de mauvaise plaisanterie.

(*Tendant la main pour le lui reprendre.*)

AIR : *De sommeiller encor, ma chère.*

De le rendre qui ~~vous empêche~~ ?

DUBRUEL, *refusant de le rendre.*

Votre hymen ne peut pas tarder.

OSCAR, *de même, et s'efforçant de le reprendre.*

Mon portefeuille, allons, qu'on se dépêche.

DUBRUEL, *de même.*

Non, non, je tiens à le garder.

OSCAR, *de même.*

Mais...

DUBRUEL, *de même.*

Vous ne craignez rien, j'espère.

OSCAR, *s'emparant du portefeuille et le mettant dans sa poche. — A lui-même.*

Avant l'hymen me laisser sans un sou !
Au lieu de l'appeler beau-père,
Je ferais mieux de l'appeler filou.

* Oscar, Dubruel.

DUBRUEL, *à part.*

Amadouons-le, de peur qu'il ne se doute... (*Haut.*) C'était
pour montrer vos billets de banque à ma fille.

OSCAR.

Eh! que ne le disiez-vous !... (*Lui ouvrant les bras.*) Embrassez-moi pour elle.

DUBRUEL.

Moi!... vous ?...

OSCAR.

Je l'exige, ou je me fâche.

DUBRUEL, *se décidant à l'embrasser. — A lui-même.*

Canaille, va ! ton compte est bon.

OSCAR.

Vous dites?...

DUBRUEL.

Mon bon !... Je cours prévenir ma fille... (*A part.*) Et chercher le commissaire de police. (*Haut et sortant.*) A bientôt !

OSCAR, *lui envoyant des baisers sur le bout des doigts.*

Adieu ! adieu !...

DUBRUEL, *de même.*

Adieu ! adieu ! (*A part et sortant.*) Monstre !

SCÈNE VII.

OSCAR, *seul.*

M'aime-t-il donc, m'aime-t-il!... Mais c'est charmant une
famille comme ça! un père qui m'envoie des baisers, une
fille à qui j'en donne... ça va comme sur des roulettes... Oh !
que j'ai donc bien fait de rencontrer ce jeune homme d'hier!...
brave garçon !... je ne fais qu'un vœu, c'est qu'il ait trouvé
une future comme la mienne, et qu'il jouisse comme moi de
l'amour et de la confiance illimitée de son beau-père !

SCÈNE VIII.

OSCAR, CHAFFOUIN. *

CHAFFOUIN, *reparaissant du côté par où il est sorti, à lui-même,
sans voir Oscar et sans être vu.*

Maintenant que j'ai traité ce piano de son extinction de

---

* Oscar, Chaffouin.

voix, je vais... (*Se trouvant face à face avec Oscar.*) Ciel !...

OSCAR, le reconnaissant, à part.

Diable !

CHAFFOUIN.

Oscar !...

OSCAR.

Mon oncle Chaffouin !...

ENSEMBLE.

AIR : De la Savonnette.

Quelle surprise aimable !
Cher neveu, ça va bien ?
Cet Oscar introuvable,
Cet Oscar, c'est le mien.

OSCAR.

Quelle surprise aimable !
Cher oncle, ça va bien ?
Pour l'envoyer au diable,
Cherchons quelque moyen.

OSCAR, à part.

Ah ! ça, comment se trouve-t-il ici ? (*Haut.*) Venez, venez vite, mon oncle, nous causerons plus intimement au milieu de la rue, ou sous la porte cochère.

CHAFFOUIN, résistant à Oscar qui veut l'emmener.

Laisse-moi donc, toi !... il faut d'abord que je remercie ce bon M. Dubruel.

OSCAR.

Vous le connaissez ?... Ah ! c'est une bien mauvaise connaissance que vous avez là. (*Voulant l'entraîner.*) Fuyez les mauvaises connaissances, mon oncle, fuyez-les.

CHAFFOUIN.

Mais alors toi-même, que venais-tu faire chez cet homme qui tient un débit d'Oscar ?

OSCAR.

Oh ! moi, cher oncle, je venais pour la récompense honnête...

CHAFFOUIN.

Ah ! c'est juste !...

OSCAR.

Et cette récompense, je l'ai touchée en une bien jolie monnaie... Partons. *

* Chaffouin, Oscar.

CHAFFOUIN.

Mais laisse-moi donc tranquille!... Est-ce qu'on a besoin de monnaie quand on est pantalonné, gileté, chaîné, montré et diamanté comme ça !...

OSCAR, *étourdiment.*

C'est un héritage... mon oncle Chaffouin est *ad patres...* Décampons !...

CHAFFOUIN.

Comment ! je suis *ad patres ?...*

OSCAR.

Hein?... j'ai dit ?... non, pas vous, grand Dieu ! pas vous !...

CHAFFOUIN.

Mais, qui?... qui donc ?...

OSCAR, *pleurant.*

Mon cousin.

CHAFFOUIN, *près de pleurer.*

Quel cousin?... dis-moi vîte.

OSCAR, *éclatant en sanglots.*

Mon cousin Cryptogame.

CHAFFOUIN.

Mort!... Cryptogame ! (*Poussant un cri.*) Ah !...
(*Il se laisse tomber dans les bras d'Oscar.*)

OSCAR, *le tenant dans ses bras, à lui-même.*

Sapristi! (*Haut.*) Mais consolez-vous... consolez-vous donc, il reviendra.

CHAFFOUIN, *stupéfait et se redressant.*

Il reviendra, Cryptogame ?...

OSCAR.

Oui, en papillon... je crois à la métempsycose. *A lui-même.*) Ah ! si j'en avais les ailes !...

CHAFFOUIN.

Oscar, veux-tu que je te parle la main sur le cœur...

OSCAR.

Non, mon oncle, je veux que vous me parliez la main sur le bouton de la porte... Filons.

CHAFFOUIN, *avec énergie et reprenant, après l'avoir ramené violemment en scène.*

La main sur le cœur?... tu me trompes.

OSCAR.

Moi !...

CHAFFOUIN.

Et tout ce luxe, c'est mon argent : tu t'es habillé avec mes corbeilles.

OSCAR.

Avec vos corbeilles?...

CHAFFOUIN.

Oui, toutes celles que tu devais envoyer à ma fille.

OSCAR, *d'un ton doucereux.*

Ah! si l'on peut dire!... mais elles sont chez moi, toutes ses corbeilles!

CHAFFOUIN.

Chez toi !...

OSCAR, *de même.*

Au cinquième... il y en a cinq. (*A part*). Cinq étages. (*Haut.*) Et c'est pour vous les faire voir que je vous emmène...

CHAFFOUIN.

Pour me les faire voir ?... Ah! mon ami, je t'ai calomnié...

OSCAR, *pleurant presque.*

Ah! vous m'avez fait bien mal!... mais ne parlons plus de ça... je vous pardonne.

CHAFFOUIN, *l'embrassant et près de pleurer.*

Tu me pardonnes, vrai ?...

JENNY, *entrant par la gauche, d'elle-même.*

Ce que vient de me dire mon père est si absurde... (*Apercevant Oscar qui essaie de se dégager des étreintes de Chaffouin.*) Lui!... et embrassant ce Monsieur !...

(*Elle se retire à l'écart et écoute.*)

CHAFFOUIN.

Et tu épouseras ta cousine?...

OSCAR.

Si je l'épouserai ?... mais puisque je l'aime, que je l'adore, que j'en raffole!

JENNY, *à part.*

Qu'entends-je!...

OSCAR.

Venez, venez vite que je serre avec elle les nœuds de l'hyménée, (*A part, parlant de son oncle.*) Lui, je le serrerai dans un placard.

ENSEMBLE.

AIR : *De Zanetta.*

Ne flânons pas davantage,
Suivez moi dans mon local.

(*A part.*)

Le temps de le mettre en cage,
Et je reviens pour le bal.

CHAFFOUIN.

Les cadeaux de mariage,
Se trouvent dans son local ;
Il est amoureux et sage...
Ah ! je l'ai jugé bien mal !

JENNY.

Quelle douleur, quel outrage !
Pour mon cœur, quel coup fatal !
Lui, que je croyais si sage,
Agir envers moi si mal.

(*Ils sortent. — Jenny se montre.*)

SCÈNE IX.

JENNY, *seule.*

Il me trompait... il aime sa cousine... il va épouser sa cousine !... Ah ! c'est mal, c'est bien mal, M. Oscar, de vous être
joué de l'attachement d'un cœur qui s'était donné à vous par
reconnaissance !... Et moi qui, pour lui, en ai dédaigné un
autre, dont j'ai fait le désespoir !... Oh ! mon Dieu ! si cet autre, si M. de Cernay venait jamais à apprendre que j'ai été
trompée moi-même, je crois que j'en mourrais de honte...

SCÈNE X.

JENNY, DE CERNAY, GASPARD.

GASPARD, *annonçant, et sortant presque aussitôt.*

Monsieur de Cernay.

(*De Cernay entre.*)

JENNY, *troublée.*

Lui !

DE CERNAY, *saluant.*

Mademoiselle...

JENNY, *saluant.*

Monsieur...

DE CERNAY, *à part.*

Elle ne sait rien. (*A Jenny.*) Ma présence chez vous, mademoiselle, a lieu de vous étonner.

JENNY.

Monsieur...

DE CERNAY.

Mais ne vous ayant pas revue depuis la lettre que j'ai écrite à monsieur votre père, j'ai voulu savoir si mon sacrifice avait assuré votre bonheur.

JENNY.

Je vous remercie, Monsieur. (*A part.*) Oh! qu'il ne se doute jamais!

DE CERNAY.

Ainsi, Mademoiselle, toutes vos espérances se sont réalisées, et...

JENNY, *avec effort.*

Oui, toutes.

DE CERNAY.

Alors, il ne me reste plus qu'à vous faire un éternel adieu.

JENNY, *de même.*

Adieu, Monsieur.

DE CERNAY, *saluant et remontant la scène.* — *Avec effort.*

Adieu, Mademoiselle. (*A part.*) Et pourtant cette lettre qui d'un instant à l'autre peut arriver..... Il faut que je reste.... mais quel moyen?..... (*Par inspiration.*) Ah!... (*Redescendant.*) Pardon, ne pourrai-je avoir l'honneur de faire aussi mes adieux à monsieur votre père?...

JENNY, *à part.*

Mon père!... et qui lui dirait...

DE CERNAY.

Je ne l'ai pas vu depuis mon retour en France, et...

JENNY, *vivement.*

Oh! non, Monsieur, non, je vous en prie; au contraire, ne le voyez pas!

DE CERNAY.

Je comprends... Il m'en veut, il m'accuse d'avoir manqué à

* Jenny, Cernay.

ma parole, d'avoir renié mon amour... et cependant vous savez vous-même...

JENNY.

Oui, Monsieur, je sais que vous êtes l'homme le plus loyal,
le plus généreux... (*Avec une émotion contenue.*) et que ce n'est
pas vous qui avez manqué à vos promesses.

DE CERNAY.

Quoi !... regretteriez-vous?...

GASPARD, *reparaissant, une lettre à la main.*

Une lettre pour Mademoiselle, adressée à Rouen et qu'on a
fait suivre à Paris.

DE CERNAY, *à part.*

La mienne !

JENNY, *à Gaspard.*

C'est bien !...

(*Il sort. — Elle va pour rompre le cachet.*)

DE CERNAY, *faisant un geste, comme pour l'en empêcher.*
Pardon.

JENNY, *regardant la suscription. — A de Cernay.*

Votre écriture !...

DE CERNAY.

Oui, et il est inutile que vous brisiez le cachet.

JENNY.

Comment !

DE CERNAY.

Je n'avais d'autre but que de vous rassurer, de vous apprendre que je m'étais conformé à vos désirs; en un mot que
vous étiez libre de votre cœur et de votre main, voilà tout;
et maintenant que vous connaissez le contenu de cette
lettre.....

JENNY.

N'importe.,.

DE CERNAY.

Au nom du ciel, ne la lisez pas!...

JENNY, *à elle-même, surprise.*

Que signifie ?... (*A de Cernay.*) Monsieur, cette lettre ne con-
tiendrait-elle rien de plus que ce que vous me dites? elle m'est
adressée, elle m'appartient, et je la lirai.

(*Elle brise le cachet.*)

DE CERNAY.

AIR : *Du piano de Berthe.*

Je vous en supplie... Ah! n'insistez pas.

3.

JENNY, *à elle-même.*

Mais d'où peut venir un tel embarras?
(*Haut.*)

Oui, je connaîtrai ce billet étrange.

CERNAY

Si vous le lisez j'en mourrai.

JENNY.

Qu'entends-je !
(*Lui rendant la lettre qu'elle était près d'ouvrir.*)

Je ne lirai pas (*bis*).

DE CERNAY.

Oh ! merci, merci, Mademoiselle..... Si vous saviez combien j'eusse été désespéré, honteux...

JENNY, *à elle-même.*

Honteux !... (*Haut.*) Mais, Monsieur, dans cette lettre que vous teniez tant à m'empêcher de lire, vous me disiez donc des choses qui m'eussent bien indisposée contre vous?... Vous êtes libre de ne pas me répondre.

DE CERNAY.

Eh bien ! Mademoiselle, je vais vous parler aussi franchement que possible. Oui, cette lettre vous eût indisposée contre moi... vous n'eussiez pas compris comment, après l'avoir écrite, je pouvais me présenter devant vous.

JENNY, *vivement.*

Ah ! je devine !...

DE CERNAY.

Oh ! non.

JENNY.

Si fait !... Oh ! je ne vous en veux pas..... du reste, je l'ai bien mérité.

DE CERNAY.

Ciel ! Mais que pensez-vous donc ?

JENNY.

Je pense qu'au moment où vous m'avez écrit, vous ne m'aimiez plus...

DE CERNAY, *vivement.*

Moi !

JENNY.

Et que vous me méprisiez peut-être.

DE CERNAY.

Ah !...

Méme air.

Oui, j'espérais bien cacher à vos yeux,
Et mon désespoir et mes derniers vœux,
Mais oser me dire... Ah! mon cœur se brise!
Que cessant d'aimer, ce cœur vous méprise!

(*Lui rendant la lettre.*)

Lisez, je le veux (*bis*).

JENNY, *qui a pris la lettre et la parcourt des yeux.*

Moi... votre héritière!... (*Cessant de lire et s'écriant.*) Vous
vouliez donc vous tuer, Monsieur!...

DE CERNAY.

Oui, et une circonstance plus forte que ma volonté...

JENNY, *vivement et très-émue.*

Ah! béni soit le hasard qui vous a sauvé la vie!...

DE CERNAY, *avec bonheur.*

Quoi !...

JENNY.

Oh! je ne me doutais pas encore à quel point j'étais aimée
de vous!... (*Montrant la lettre qu'elle tient.*) A moi, à moi, in-
grate, toute votre fortune!... Et voilà ce que vous vouliez
m'empêcher de lire!

DE CERNAY.

Mais...

JENNY.

Monsieur de Cernay, vous devez bien m'en vouloir. (*Il nie
vivement par un geste.*) Non?... Eh bien! prouvez-le moi : c'est
aujourdhui ma fête...

DE CERNAY.

Je le sais.

JENNY, *avec surprise et bonheur.*

Ah !... Alors vous savez aussi que mon père donne ce soir
un bal... promettez-moi que vous y viendrez.... (*Avec gentillesse.*) et que vous me ferez danser.

AIR : *Le bon Dieu fut le premier ouvrier.*

Surtout, Monsieur, ce soir, pas de défaite,
Venez au bal, vous me l'avez promis!
Rappelez-vous que le jour de ma fête
Je veux avoir tous mes meilleurs amis.

CERNAY, *désignant la lettre que Jenny tient encore à la main.*

Mais ce billet...

JENNY.

Ah ! de honte il m'accable.

(*Le plaçant sur le bureau du secrétaire.*)

Je veux qu'il soit toujours là, sous mes yeux,
Pour me prouver combien je fus coupable,
Et, vous, combien vous fûtes généreux !

ENSEMBLE.

JENNY.

Surtout, monsieur, ce soir, pas de défaite, etc.

CERNAY.

Qui, moi, j'irais chercher une défaite,
Lorsque l'espoir à mon cœur est permis !
Oui, je viendrai, ce soir à votre fête,
Me réunir à vos meilleurs amis.

(*Il sort par le fond, Jenny par la porte latérale de droite. —
Musique de mélodrame à l'orchestre — Dubruel entre par la
droite.*)

SCÈNE XI.

DUBRUEL, *descendant toute la scène avant de prononcer
un mot.*

Le commissaire de police n'était pas chez lui ! et son gref-
fier m'a dit qu'il ne pouvait pas le déranger sans son ordre, ni
déranger la garde sans l'ordre du commissaire ! Quelle position, grand Dieu ! quelle position !... et mon malfaiteur d'ex-
gendre que j'ai laissé ici !... pourvu qu'en mon absence il
n'ait pas effarouché quelque objet de valeur !... Ah ! la pendule est toujours à sa place..... (*Il court au secrétaire.*) Voyons
s'il n'a pas dérobé... (*Ouvrant un tiroir.*) non... (*Trouvant la
lettre.*) Une lettre !..... de lui, sans doute !..... que peut-il m'é-
crire ?... (*Lisant.*) « Mademoiselle..... » (*S'interrompant.*) Non,
c'est plutôt pour ma fille... (*Reprenant sa lecture.*)

« Mademoiselle,

« Quand vous lirez cette lettre, je n'existerai plus. » Ah !
la canaille !... il s'est fait justice. (*Lisant.*) « Ceci est mon tes-
» tament... Je donne et lègue toute ma fortune à M. Du-
» bruel... » (*S'interrompant.*) A moi !... Ah !... je regrette l'é-

pithète de canaille... Ombre d'Oscar, mettons qu'il n'y a rien de dit. (*Reprenant sa lecture.*) « Toute ma fortune à M. Du-
» bruel, pour en jouir jusqu'à la majorité de mademoiselle
» Jenny, sa fille, à qui tout ce que je possède appartiendra.

» HECTOR DE CERNAY. »

M. de Cernay!... Comment! c'est lui qui!... Malheureux jeune homme!... il a vécu!..... ce que c'est que de nous!..... mais la vie n'est qu'un passage, comme a dit feu Véro-Dodat... Ah! j'y pense... puisque M. de Cernay s'est lui-même ôté la... respiration, cet Oscar n'est donc pas son assassin!... et moi qui viens!... (*Par réflexion.*) Ah! ben, oui!... mais c'est tou- jours son voleur, puisqu'il a détroussé les dix mille francs renfermés dans son portefeuille!... (*Par réflexion.*) Son porte- feuille!... mais c'est le mien à présent! c'est mon héritage!... (*Frappé d'un souvenir.*) Grand Dieu!..... il n'y reste plus que six billets de mille!... les quatre mille autres, le filou s'en est fait une montre, une chaîne, des breloques, des diamants de la plus belle eau... Ah! le gredin!... mais il faut qu'il me rende tout ça, il faut qu'il me le rende, et tout de suite!

(*Il remonte, et se trouve face à face avec Oscar qui entre très-
vivement.*)

SCÈNE XII.

DUBRUEL, OSCAR.*

DUBRUEL.

Ah!...

OSCAR.

Ah!... je vous cherchais.

DUBRUEL.

Et moi aussi.

OSCAR, *à lui-même, inquiet.*

Cet enragé de Chaffouin!....... il est capable de manger la porte.

DUBRUEL, *à part.*

Dissimulons.

OSCAR.

Ah! beau-père, j'ai une bien fâcheuse nouvelle à vous an- noncer.

* Oscar, Dubruel.

DUBRUEL, *qui joue avec la chaîne de montre d'Oscar.*
Vraiment !... (*Parlant de la chaîne.*) C'est de l'or, ça?

OSCAR.
Oui... Figurez-vous que j'ai laissé quelque chose de très-précieux dans l'un de mes placards.

DUBRUEL, *parlant de la chaîne.*
Et ça pèse ?...

OSCAR.
Oui, ça me pèse sur la conscience, et il faut que je retourne bien vite...

DUBRUEL.
Hein ?... (*A part.*) Il veut filer !...

OSCAR, *achevant sa pensée.*
Car je ne viens que pour vous dire que je ne viendrai pas ce soir, mais seulement cette nuit...

DUBRUEL.
Cette nuit !...

OSCAR.
Ou demain matin...

DUBRUEL, *à lui-même.*
Et la garde qui n'arrive pas !...

OSCAR.
Agréez mes excuses et faites-les agréer surtout à ma femme. (*Il veut s'éloigner, Dubruel le retient par le pan de son habit.*) Ah ! ça, qui est-ce qui me retient donc ?

DUBRUEL.
C'est moi qui vous retiens...

OSCAR, *riant.*
Ah ! ah !

DUBRUEL.
J'ai tant de plaisir à vous voir ! Dites-moi, cher ami, vous avez là une bien jolie chaîne et une bien jolie montre ; permettez donc que j'examine...
(*Il fait passer la chaîne par-dessus la tête d'Oscar et enlève la montre.*)

OSCAR, *à lui-même.*
Qu'est-ce qu'il fait? qu'est-ce qu'il fait?... mais je suis pressé, moi !...

DUBRUEL.
Et vous dites que vous avez payé tout ça?

OSCAR.

Quinze cent francs, chez Bréguet.

DUBRUEL.

Ah! ah! Bréguet... l'homme de confiance du soleil...

(Il passe la chaîne à son cou et met la montre dans la poche de son gilet, puis il referme son habit.)

OSCAR, *riant, à Dubruel.*

Ah! farceur de beau-père!... Mais pas de bêtise! rendez-moi bien vite!...

DUBRUEL.

Dans un instant... Mais qu'est-ce que vous avez donc là à votre chemise?

OSCAR.

J'aurais une tache?...

(Dubruel lui prend son épingle en brillant.)

DUBRUEL, *examinant le brillant.*

Il n'est pas mal, ce diamant, mais il y a un crapaud.

OSCAR.

Un crapaud!... *(A part.)* Mais c'est toi qui en es un, crapaud!

DUBRUEL.

N'importe, je m'y connais, et c'est un diamant de prix.

(Il l'attache à sa chemise.)

OSCAR.

De *pris?* Écoutez, beau-père, si c'est un calembour, je le trouve médiocre, mais si ça n'en est pas un, Monsieur, vous allez me rendre ce que vous m'avez volé, ou sacrebleu...

DUBRUEL.

Des menaces! *(Il prend deux pistolets sur la cheminée de droite, et marchant sur Oscar qui recule épouvanté.)* Votre portefeuille, votre portefeuille tout de suite... où je vous brûle la cervelle.

OSCAR.

Il me demande la bourse ou la vie!... Qu'est-ce que c'est que ça? mais qu'est-ce que c'est que ça?

DUBRUEL.

Pas un mot, pas une vocifération... et ne m'obligez point à vous fouiller.

OSCAR.

Me fouiller!...

DUBRUEL.

Oui, ça me répugne.... Donnez-moi de bonne grâce vos six billets de mille, c'est-à-dire mes six billets de mille, ou vous êtes mort.

OSCAR, *cherchant son portefeuille.*

Ah ! il faut que vous soyez un bien grand... (*A Dubruel qui dirige sur lui les deux canons des pistolets.*) un bien grand amateur de papier Joseph !... (*Dubruel lui présente de nouveau le canon de ses pistolets.*) Ne tirez pas fichtre ! ne tirez pas !... j'aime mieux tirer mon portefeuille.

DUBRUEL, *prenant le portefeuille qu'Oscar lui présente en tremblant.*

Allons donc !...

AIR : *De madame Favart.*

J'ai terrifié le coupable
Au moyen de mes pistolets.
Et maintenant qu'il n'est plus redoutable
Vérifions le compte des billets.

Il place les pistolets sous ses bras, les canons faisant face au public.

OSCAR, *à lui-même, et s'approchant peu à peu de Dubruel.*

Si je pouvais...

DUBRUEL, *qui a vérifié le nombre des billets.*

Au compte rien à dire.

(*Parlant d'Oscar.*)

Pour un filou quel poltron consommé !

(*Riant.*)

Ah ! ah ! ah! bien longtemps j'en veux rire.

OSCAR, *qui tire à lui, par la crosse, les pistolets que Dubruel avait sous chacun de ses bras, et s'en emparant.*

Vous avez ri, vous êtes désarmé.

DUBRUEL.

Je me suis trop pressé d'en rire...

OSCAR.

Vous avez ri, vous voilà désarmé !

DUBRUEL.

Hein ?...

OSCAR, *s'avançant sur lui, un pistolet dans chaque main.*

Ah ! vieux gueux ! ah ! vieille canaille !...

DUBRUEL.

Ciel !

OSCAR.

Ma montre, ma chaîne, mon épingle, mon portefeuille, ou je te brûle la cervelle.

DUBRUEL, *reculant avec terreur.*

Et la garde qui n'arrive pas !...

OSCAR, *lui présentant le canon des pistolets.*

Pas un mot, pas une vocifération.... ne m'oblige point à te fouiller... ça me répugne... rends-moi tout de bonne grâce, ou tu es mort !

DUBRUEL, *criant.*

A moi !

AIR : *Nouveau de Maugéaut.*

A la garde ! à la garde ! à la garde !

OSCAR.

Lui qui me vole ! ah ! c'est original !

DUBRUEL.

A la garde ! à la garde ! à la garde !

SCÈNE XIII.

LES MÊMES, GASPARD, LA GARDE, *puis* JENNY.[*]

GASPARD.

Continuation de l'air.

Quel bruit ! quel train ! quel tapage infernal !

LE CAPORAL, *entrant suivi de quatre hommes.* [**]

Voici le caporal.

DUBRUEL *et* OSCAR.

Ah ! merci, caporal.

LE CAPORAL.

Mais d'où vient une telle esclandre...

JENNY, *entrant et voyant Dubruel menacé par Oscar.* [***]

Mon père ! ô ciel... (*à Oscar*) Monsieur, vous êtes fou ! [****]

[*] Gaspard, Dubruel, Oscar.
[**] Gaspard, Dubruel, le caporal, Oscar.
[***] Dubruel, Jenny, le caporal, Oscar.
[****] Jenny, Dubruel, le caporal, Oscar.

LE CAPORAL.

Mais tous deux, veuillez m'apprendre...

DUBRUEL, désignant Oscar.

Arrêtez ce voleur.

LA GARDE, désignant Oscar.

Arrêtons ce filou !

Les soldats se saisissent d'Oscar qui se débat en vain.

REPRISE DE L'ENSEMBLE.

Allons vite, il faut suivre la garde
Le militaire est poli, mais brutal.
Allons vite, il faut suivre la garde.

Sinon pour $\left\{\begin{array}{l} \text{vous} \\ \text{lui} \\ \text{moi} \end{array}\right\}$ ça finirait fort mal.

(La toile tombe.

FIN DU DEUXIÈME ACTE.

ACTE III.

Un riche salon avec trois portes au fond et s'ouvrant sur un autre salon dans lequel on danse. — Portes latérales. — Près d'une de ces portes, à gauche, une fenêtre donnant sur un jardin.

SCÈNE PREMIÈRE.

(Au lever du rideau, on danse dans le salon du fond.)

DUBRUEL, *entrant, à un domestique qui porte un plateau.*

Gaspard, n'oubliez pas de faire circuler le punch, le baba, les glaces... mais, allez donc et remettez à chaque personne un billet pour la tombola... *(A lui-même.)* car j'ai imaginé une tombola où les favorisés du sort gagneront mon portrait au daguerréotype. *(Ici l'on entend l'orchestre au fond du théâtre.— Parlant des danseurs.)* S'amusent-ils ! s'en donnent-ils ! sont-ils heureux ! et comme ils dansent noblement !... avec de la poudre et des mouches, on se croirait à Versailles, sous Henri IV !

GASPARD, *annonçant.*

Monsieur et madame Lepertriel.

(Ils entrent par une des portes latérales de droite.)

DUBRUEL, *allant au devant d'eux et saluant la dame. — A l'homme.*

Ah ! comme ta femme a une belle robe de taffetas, Lepertriel ! *

LE DOMESTIQUE, *annonçant.*

Monsieur Le Camus et sa bonne.

DUBRUEL, LEPERTRIEL ET SA FEMME.

Comment ! sa bonne ! **

LE CAMUS, *désignant la bonne.*

Mon cher Dubruel, tu permets ?... J'ai promis à Joséphine de lui faire voir un bal comme il faut, et je te donne la préférence.

MONSIEUR ET MADAME LEPERTRIEL.

Ah ! quelle horreur !... *(Ils entrent dans le salon du fond.)*

* M. et Mme Lepertriel, Dubruel.
** M. et Mme Leperdriel, Dubruel, Le Camus, la bonne.

DUBRUEL, *à lui-même.*

Eh bien ! il serait joliment comme il faut, mon bal !... (*A la bonne.*) N'avancez pas, Mademoiselle ! * (*A Le Camus.*) Écoute, Le Camus, j'ai lu Voltaire, et je n'ai pas de préjugés, mais les bonnes, c'est fait pour l'antichambre.

LE CAMUS ET JOSÉPHINE.

Pour l'antichambre !

LE CAMUS.

Viens, Joséphine... Dubruel, tu as l'esprit très-étroit..... je suis peiné de te le dire, mais tu n'es qu'un crétin. Viens, Joséphine.   (*Il sort brusquement avec sa bonne.*)

DUBRUEL, *seul.*

Et il la tutoie !..... quel renversement social !..... où allons-nous, grand Dieu ! où allons-nous ?

LE DOMESTIQUE, *annonçant.*

Monsieur de Cernay !

DUBRUEL, *à lui-même.*

Monsieur de Cernay !... Ah ! un homme qui m'avait fait son héritier, et qui se porte bien !..... Je ne lui en veux pas.... au contraire... il ignore sans doute la chanson :

    « Quand on est mort, c'est pour longtemps. »

(*Appelant du geste et de la voix de Cernay, qui est allé tout droit au fond, et qui cherche Jenny des yeux, dans le salon où l'on danse.*) Eh bien ?...

SCÈNE II.

DUBRUEL, DE CERNAY. **

DE CERNAY, *apercevant Dubruel et descendant vivement.*

Ah ! c'est vous ?.... pardon ! Que je suis heureux de vous revoir.

DUBRUEL.

Et moi aussi... Ma fille m'avait appris votre résurrection..... c'est-à-dire votre... je ne trouve pas le mot. Et d'ailleurs, j'ai besoin de vous entendre confirmer, de votre propre bouche...

DE CERNAY.

Quoi donc ?

GASPARD, *entrant.* ***

Monsieur on demande des cartes pour le whist.

* Le Camus, Dubruel, la bonne.
** Dubruel, Cernay.
*** Gaspard, Dubruel, Cernay.

DUBRUEL, *à lui-même, avec impatience.*

Toujours dérangé!... (*Haut.*) Mais il doit y en avoir là...
(*Il remonte la scène.*) *

DE CERNAY, *au domestique.*

Où est mademoiselle Jenny?

GASPARD.

Je ne sais trop, Monsieur, peut-être dans le petit salon.

DUBRUEL, *regardant sur la table à gauche.*

Ah! bon... c'est un jeu d'écarté... (*A Gaspard.*) Demande
des cartes à ma fille, et laisse-nous tranquilles. (*Gaspard sort.*)

DE CERNAY, *à lui-même, et faisant le mouvement de suivre
Gaspard.*

Si c'est dans le petit salon qu'elle se trouve...

DUBRUEL, *le retenant.*

Ah! dites-moi, vous avez donc été volé?

DE CERNAY, *fort surpris.*

Moi? pas du tout... (*Souriant.*) du moins que je sache.

DUBRUEL.

Comment! vous n'avez pas été arrêté par un bandit et dé-
pouillé par ce même scélérat...

DE CERNAY.

Jamais.

DUBRUEL.

Jamais!... (*A part, avec terreur.*) Ciel! qu'ai-je fait! (*Haut.*)
Mais c'est très-désagréable.

DE CERNAY.

Désagréable, qu'on ne m'ait pas volé?...

DUBRUEL, *à part.*

Oui, ça peut avoir les plus graves conséquences...
(*Gaspard entre et parle bas à Dubruel.*) **

DE CERNAY, *à lui-même.*

Quelle étrange histoire!... (*Comme se souvenant.*) Ah! j'y
suis!... mon pauvre valet de chambre qui, inquiet de moi
depuis hier, est venu ce matin et a dit à M. Dubruel...

DUBRUEL, *au domestique qui lui parlait bas.*

Et ils demandent tous une récompense honnête? (*A lui-
même et se souvenant.*) Ah! mon annonce des *Petites affiches*!..
et que j'avais oubliée!...

DE CERNAY, *à part.*

Pendant qu'il est occupé, voyons si Jenny...
(*Il entre dans le salon où l'on danse.*)

* Dubruel, Gaspard, Cernay.
** Cernay, Dubruel.
*** Cernay, Dubruel, Gaspard.

DUBRUEL, *au domestique, avec emportement.*

Et tu les a laissés entrer !...

GASPARD.

Non, Monsieur, ils sont plus de trois cents.

DUBRUEL.

Trois cents Oscar !... Envoîe chercher la garde... non, pas la garde ! (*A lui-même.*) C'est bien assez d'une fois, malheureux ! (*Haut.*) Mais appelle à ton aide mon nombreux domestique ; armez-vous de bâtons, de pelles, de pioches, et flanquez-moi odieusement ces trois cents Oscar à la porte.

Le domestique sort. — Oscar entre sans être vu.)

SCÈNE III.

DUBRUEL, OSCAR.*

OSCAR, *qui est entré précipitamment par le fond ; à lui-même.*

Du diable si c'est ici qu'on viendra me chercher.

(Il aperçoit Dubruel, et le menace du geste.)

DUBRUEL, *sans le voir.*

Et toi, véritable Oscar, toi dont j'ai reconnu l'innocence...

OSCAR, *qui l'a entendu, à lui-même.*

Hein ?

(Il le menace de nouveau, en descendant la scène.)

DUBRUEL, *continuant.*

Toi que j'ai eu l'infamie de faire arrêter par la garde, que n'es-tu là pour voir mon repentir, mes larmes, et pour reprendre ta montre, ta chaîne, ton portefeuille et toutes tes breloques.

OSCAR, *prenant sur le guéridon de droite les objets dont Dubruel vient de parler et qu'il y a déposés à mesure.* **

Je daigne les reprendre.

DUBRUEL, *se retournant avec surprise.*

Lui !... quel bonheur !

OSCAR *et* DUBRUEL.

ENSEMBLE.

AIR : *Robert le Diable.*

DUBRUEL.

Ah ! par votre présence
Le calme m'est rendu.
Car de votre innocence
Je suis bien convaincu.

* Oscar, Dubruel.
** Dubruel, Oscar.

OSCAR.

A demander vengeance,
Je suis bien résolu,
Pour punir votre offense
Me voilà revenu.

DUBRUEL, *avec effusion.*

Ah ! cher a...

OSCAR, *froidement.*

Un instant !... Monsieur, connaissez-vous l'article 341 du Code pénal ?

DUBRUEL.

Non, Oscar, non, mais...

OSCAR.

Eh bien ! je vais vous le réciter ; c'est très-instructif.

DUBRUEL.

Mais, mon cher ami...

OSCAR.

Silence, au nom de la loi ! « Seront punis de la peine des » travaux forcés à temps... »

DUBRUEL.

Ciel !...

OSCAR.

Attends !... « Ceux qui auront fait arrêter, détenir, emprisonner, enviolonner des personnes quelconques. »

DUBRUEL.

De grâce...

OSCAR.

Point de grâce. Je suis une personne quelconque ; vous m'avez fait arrêter...

DUBRUEL.

Mais écoutez-moi moi donc !... c'était une méprise de ma part !...

OSCAR.

Une méprise !... (*Souriant d'un rire forcé.*) Une méprise qui m'exposait à pourrir sur la paille humide des cachots !..... car si je n'avais pas eu, pour me tirer de là, les plus grandes protections... (*A part.*) la protection de mes jambes...

DUBRUEL.

Mais puisque je reconnais mes torts, puisque je vous demande pardon, et que je vais aller solliciter le prix de vertu en votre faveur...

OSCAR.

Je le refuse.

DUBRUEL.

Mais puisque je suis prêt à vous réhabiliter en plein bal, à la face de mes lustres et de ma fille elle-même, qui vous adore...

OSCAR, *surpris et joyeux.*

Je redeviendrais votre gendre !

DUBRUEL.

Oui, dès ce soir, avec une dot de deux cent cinquante mille francs, et avant qu'on ait dansé le cotillon.

OSCAR.

Ah ! dans mes bras ! dans mes bras !

DUBRUEL, *l'embrassant.*

Avec enthousiasme... mais à une condition, c'est que nous ne reparlerons jamais de l'article 344.

OSCAR.

Jamais ! jamais !... à perpétuité. Ah ? beau-père, je suis fâché que vous ne soyez pas votre fille, c'est vous que j'épouserais !

DUBRUEL.

Chut ! voici la foule qui envahit mon deuxième salon..

SCÈNE IV.

LES MÊMES, FOULE D'INVITÉS.

(Ce second salon, où se passe l'action, se remplit. Dubruel et Oscar remontent dans le salon du bal, par la gauche. Le chœur descend. Jenny et de Cernay entrent par la porte du milieu. Les invités, en finissant de chanter le chœur, s'asseoient sur des canapés, des deux côtés de la scène. Deux domestiques apportent des plateaux chargés de glaces et de verres de punch, qu'ils offrent à la foule. Jenny et de Cernay gagnent la droite du théâtre.)

CHŒUR.

AIR : *Chœur de Satan.*

Est-il une plus belle fête !
~~Au bal le plaisir nous convia.~~
Riches salons, et plus riche toilette,
En ces lieux tout séduit, éblouit.

DE CERNAY, *à Jenny.* *

Ah ! Mademoiselle, que vous êtes bonne et que je suis heureux !

JENNY, *avec gentillesse.*

Prenez garde... ce n'est encore qu'une espérance que je vous donne !

* Cernay, Jenny.

DE CERNAY.

Mais pensez-vous que votre père, après mon injurieux refus dont il ne pouvait connaître la cause, puisse encore consentir...

JENNY.

Ah ! dame ! c'est à lui qu'il faut demander ça!

(*On entend la ritournelle d'une valse.*)

DE CERNAY.

M'accorderez-vous cette valse ?

JENNY.

Impossible !... comme maîtresse de maison je dois veiller avant tout à ce que mes amies s'amusent... (*A une jeune fille.*) Clorinde, voilà monsieur de Cernay qui n'ose t'inviter.

(*Pendant que de Cernay invite la demoiselle désignée, Jenny remonte dans le fond à droite. Oscar et Dubruel redescendent en scène par la porte du milieu et gagnent la gauche du théâtre.*)

OSCAR, *à Dubruel.* *

Beau père !... je vais faire danser ma future.

(*Il remonte pendant l'a parte de Dubruel en cherchant Jenny des yeux.*)

DUBRUEL , *à part.*

Et ma fille qui ne sait pas encore que cet ex-filou est la perle des honnêtes gens! il faut que je la prévienne. (*A Oscar.*) Non, non... (*Lui désignant une demoiselle.*) faites danser ma nièce.

OSCAR.

Comment donc !... trop heureux... (*S'approchant de la jeune fille désignée et la saluant.*) Mademoiselle...

LA JEUNE FILLE , *acceptant.*

Avec plaisir, Monsieur.

SCÈNE V.

OSCAR *et* UNE JEUNE FILLE, DE CERNAY *et* UNE JEUNE FILLE, INVITÉS. **

OSCAR , *apercevant de Cernay.*

Ah ! bah !

DE CERNAY, *qui aperçoit Oscar en même temps qu'il en est aperçu.*

Pas possible !...

OSCAR.

Vous ici !

* Dubruel, Oscar, Cernay.
** Oscar, Cernay.

DE CERNAY.

Et vous au bal ! (*A la jeune fille, qui est restée assise.*) Pardon, Mademoiselle, c'est un ami que le hasard...

OSCAR.

C'est vrai... nous ne devions nous revoir que dans un an !.. Eh bien ? et les petites affaires, depuis hier soir ?

DE CERNAY, *se rapprochant de sa danseuse.*

Je suis le plus heureux des hommes.

OSCAR, *parlant de la jeune fille près de laquelle de Cernay se trouve. — A lui-même.*

Je crois bien, elle est charmante. (*A de Cernay qui revient vers lui.*) Je vous félicite, cher ami.

DE CERNAY.

Ah ! ça, et vous ?

OSCAR.

Je suis le plus fortuné des mortels.

(*Il s'approche de sa danseuse.*)

DE CERNAY, *à lui-même et parlant de la danseuse près de laquelle Oscar s'est dirigé.*

Je comprends... c'est qu'elle est très-bien, sa future.
(*On entend la ritournelle partant du fond. — Sortie des invités.*)

OSCAR.

Ah ! la ritournelle !

(*Il s'éloigne avec sa danseuse.*)

UN JEUNE HOMME , *à de Cernay.*

Pardon, Monsieur... (*Désignant la jeune fille à laquelle de Cernay donne le bras.*) j'avais invité Mademoiselle.

LA JEUNE FILLE.

Ah ! c'est juste... que d'excuses, Messieurs !
(*Elle quitte le bras de de Cernay et s'éloigne avec le jeune homme. — Pendant le chœur, Dubruel s'assied à une table de jeu, à gauche ; de Cernay se rapproche de lui et s'assied à la même table ; ils se parlent bas.*)

CHŒUR.

AIR :

Vite courons, une danse nouvelle
    Là, nous appelle,
    Que chaque belle
Soit au plaisir comme à l'amour fidèle.
    Vite courons
    Sautons, dansons.

(*Danseurs et Danseuses passent, au fond, dans le salon du bal.*

SCÈNE VI.

DUBRUEL, JENNY, DE CERNAY, OSCAR, INVITÉS. *

DE CERNAY.

Oui, mon cher Monsieur, hier j'étais fou quand je renonçais à la main de votre charmante fille, et tout à l'heure elle m'a fait espérer...

DUBRUEL.

Des extravagances !... Parlons d'autre chose, jeune homme... Faisons plutôt une partie d'écarté...

DE CERNAY, *un peu impatient.*

Volontiers, mais...

DUBRUEL.

Je vous le repète, Monsieur... après le refus que vous m'aviez fait vous-même, je ne pouvais m'attendre à ce revirement, et j'ai promis ma fille à un autre.

DE CERNAY, *à lui-même.*

Ciel !

DUBRUEL, *à quelques invités qui sont au fond.*

Il y a 20 fr., messieurs !... (*A de Cernay*) Je m'y suis engagé sur l'honneur... (*A lui-même.*) Et sur l'article 341 du Code pénal. (*Des joueurs viennent entourer la table et parient.*)

OSCAR, *reparaissant à droite avec Jenny.* **

Oui, Mademoiselle, votre cousine ne sait pas valser, mais elle m'a promis la première polka.

JENNY.

A merveille !

OSCAR.

Et je bénis ce contre-temps, car, j'ai bien des choses à vous dire ; votre père m'a rendu son estime et mes bijoux, y compris mes anciens droits à votre main.

JENNY.

Mon père a eu tort, monsieur, ma main est promise à un autre.

OSCAR.

Et vous l'aimez, cet autre ?... (*Légèrement fat.*) Je n'en crois rien... Son nom ?

JENNY.

Que vous importe !

OSCAR, *à lui-même.*

C'est ça, elle plaisante.

* Dubruel, Cernay.
** Dubruel, Cernay, Jenny, Oscar.

JENNY.

Allons, monsieur Oscar, un bon mouvement, et allez rejoindre bien vite (*Appuyant.*) votre cousine de Corbeil.

OSCAR, *à lui-même.*

Ma cousine Chaffouin !... elle sait !... Ah ! voilà l'affaire, et tout est perdu !...

DUBRUEL, *retournant le roi.*

Le roi !... vous êtes refait, monsieur de Cernay !

(*On entend la ritournelle qui annonce la tombola.*)

JENNY.

Ah !... la tombola, messieurs !

TOUS.

A la tombola !

AIR : *Premier chœur des Pilules du Diable.*

Ce soir, à la tombola,
Bienheureux qui gagnera !
Mais quand on la tirera
Il faut être là.

(*Les personnes en scène sortent, moins de Cernay et Oscar ; le bal continue dans le salon du fond.*)

SCÈNE VII.

OSCAR, DE CERNAY, *puis* UNE JEUNE FILLE. *

DE CERNAY, *à lui-même.*

Allons, plus d'espoir.

OSCAR.

Complétement enfoncé !... (*Apercevant de Cernay.*) Ah !...

DE CERNAY, *apercevant de Cernay.*

Ah !

OSCAR.

C'est vous, cher ami ?...

DE CERNAY.

Eh bien ?...

OSCAR.

Eh bien ?...

DE CERNAY.

Ce bonheur, ça va-t-il toujours ?

OSCAR.

Ça ne va plus...

DE CERNAY.

Ah ! bah !

OSCAR.

Rien ne va plus !... Et vous, vos espérances ?

* Cernay, Oscar.

DE CERNAY.

Détruites !...

OSCAR.

Ah ! bah !

DE CERNAY.

Le père ne veut pas consentir...

OSCAR.

Tiens !... Et moi, c'est la fille qui me refuse.

DE CERNAY.

Eh ! quoi ! malheureux en même temps !

OSCAR.

Quelle sympathie !... (*Lui tendant la main.*) Touchez là... cher ami. (*Changement de ton.*) Dites donc... peut être qu'hier, nous avons eu tort de remettre l'affaire à une année...

DE CERNAY.

Oui, peut-être.

OSCAR

Ma foi, le bois de Boulogne n'est pas encore tout à fait abattu, et pour peu que le cœur vous en dise...

DE CERNAY, *hésitant.*

Mais...

OSCAR.

Allons, venez-vous ?... moi, je pars.

DE CERNAY, *vivement et allant à lui.*

Eh bien !...

(*La même jeune personne qu'Oscar avait invitée précédemment et qu'il n'avait pas fait danser, paraît à la porte du fond avec un jeune homme qui lui parle avec insistance.*)

LA JEUNE FILLE, *au jeune homme.*

Impossible... (*Désignant Oscar qui se trouve alors vis-à-vis d'elle.*) Monsieur m'a invitée pour la première polka, et...

OSCAR.

Hein ?... c'est ma foi vrai (*A de Cernay.*) Vous permettez ?... une simple polka, et je suis à vous; ne vous impatientez pas... je vais mettre les mesures doubles.

(*Il sort en valsant avec la jeune fille.*)

SCÉNE VIII.

DE CERNAY, *puis* CHAFFOUIN.

DE CERNAY, *au fond et regardant Oscar qui polke.*

Quel assemblage bizarre de mépris pour la vie et d'amour pour le plaisir ! C'est qu'il saute comme si le bonheur lui donnait des ailes.

CHAFFOUIN, *entrant furieux par la droite, à lui-même.* *

Où est-il le gredin !... où est-il ?... (*Avisant de Cernay.*) Ah ! Monsieur, pourriez-vous me dire où est la canaille qui m'a enfermé dans un placard, avec un pain de quatre livres, une cruche d'eau et un radis noir.

DE CERNAY, *qui l'écoutait à peine.*

Eh ! Monsieur, que m'importe !...

CHAFFOUIN.

A vous, c'est possible, mais à moi, qui le cherche pour lui casser les reins, s'il n'épouse pas ma fille qu'il abandonne pour mademoiselle Jenny Dubruel. (*Mouvement très-prononcé de Cernay*), dont le piano n'est seulement pas d'accord.

CERNAY, *vivement.*

Vous dites ?...

CHAFFOUIN.

Je dis que ce gueux d'Oscar...

DE CERNAY.

Il s'appelle Oscar ?

CHAFFOUIN.

Oui, Oscar Chaffouin.

DE CERNAY.

Et c'est lui qui doit éponser mademoiselle Jenny Dubruel ?

CHAFFOUIN.

Puisque je vous repète qu'il est ici pour ça ?

DE CERNAY.

Ici, au bal !... (*Entraînant Chaffouin qui se débat.*) Ah ! Monsieur, je vous en prie, montrez-le-moi... où est-il ?

CHAFFOUIN, *se débarrassant brusquement de de Cernay.*

Mais, sacristi !... attendez donc que je le trouve... ainsi que son beau-père, à qui je veux dire que sa fille a le plus grand tort, et qu'il ne l'aime que pour sa dot.

DUBRUEL, *traversant le théâtre avec Gaspard.*

On se plaint de la chaleur... Ouvrez cette fenêtre qui donne sur le jardin.　　　　　(*Il indique la fenêtre à gauche.*)

CHAFFOUIN, *apercevant Dubruel. — A lui-même.*

Ah ! le maître de céans !

DUBRUEL, *achevant et sortant par une porte latérale de droite.*

Et moi, je vais ouvrir la porte du corridor...

CHAFFOUIN, *courant après Dubruel.*

Monsieur !... Monsieur !... (*A lui-même et le suivant.*) Oh ! n'importe, je vais le rattraper, et lui dire...

(*Il sort par la même porte que Dubruel.*)

* Cernay, Chaffouin.

SCÈNE IX.

DE CERNAY, *puis* OSCAR.

DE CERNAY.

Un rival!... et ce rival n'épouserait Jenny que pour sa fortune !... Ah ! j'ai pu me sacrifier quand son bonheur m'en faisait un devoir... mais aujourd'hui, il faut la protéger contre elle-même, et je veux, je dois m'opposer à ce que cet Oscar...

(Il remonte.)

OSCAR, *entrant par une porte latérale de gauche, son chapeau enfoncé sur les yeux, et tenant à la main une boîte de pistolets qu'il pose sur la table à gauche. — A lui-même.*

C'était vrai!... elle en aime un autre, qui est noble, qui est riche, et c'est pour un millionnaire que... Ah! vil métal!... (*Apercevant de Cernay.*) Tiens !...

DE CERNAY, *apercevant Oscar.*

Vous !... ah ! mon cher, que je vous dise... *

OSCAR.

Et moi que je vous raconte....

DE CERNAY.

Si vous saviez!...

OSCAR.

Je viens d'apprendre en polkant une nouvelle qui m'a fait bondir.

DE CERNAY.

C'est comme moi, pendant que vous dansiez, j'ai appris des choses...

OSCAR.

Un gredin qui travaillait incognito à mon malheur !

DE CERNAY.

Un intrigant qui trompe celle que j'aime, et que je tuerai.

OSCAR.

Ah ! bah !... un duel!... Eh bien ! et moi aussi.

DE CERNAY.

Vraiment !... encore cette nouvelle conformité dans notre situation !

OSCAR.

Oui, c'est drôle. (*Gaiement.*) Décidément nous sommes faits pour vivre l'un pour l'autre. (*Changeant de ton.*) Ah ! ça, vous me servirez de témoin !   (*Il lui donne la main.*)

DE CERNAY.

Et vous, de second?

* Oscar, Cernay.

OSCAR.

Avec grand plaisir.

DE CERNAY.

Mais d'abord, il faut que je cherche mon adversaire.

OSCAR.

Et moi, mon rival.

DE CERNAY.

Un rival !...

OSCAR.

Oui, cher ami, c'est un rival que je veux tenir au bout de mon pistolet.

DE CERNAY.

Mais, moi aussi c'est un rival que je veux tuer.

OSCAR.

Heureusement que je sais le nom de ce monstre.

DE CERNAY.

Et moi, le nom de cet Oscar.

OSCAR, *à lui-même, stupéfait.*

Moi !... et c'est lui qui... (*Abattu.*) Allons ! un duel impossible !

DE CERNAY, *redescendant.*

Qu'avez-vous ?

OSCAR.

Je ne peux pas vous dire... (*A part.*) Ça lui ferait trop de peine.

DE CERNAY.

Cet Oscar, est-ce que vous le connaîtriez ?

OSCAR, *avec entraînement.*

Mais je ne connais que ça !

DE CERNAY.

Ah ! mon Dieu ! est-ce que, par malheur pour moi, mon rival serait votre ami ?

OSCAR.

Mon ami !... Oscar !... Allons donc !... un malencontreux qui m'a toujours empêché de réussir dans tout ce que j'ai entrepris ! un polisson qui m'a joué un tas de farces !... qui m'a mangé en un jour... oui, mon cher, en un seul jour, quatre billets de mille, juste le tiers de ce qu'il me faut pour vivre pendant un an ! Ah ! le gueux !... (*Il se secoue par le revers de son habit.*) Mais je n'ai jamais eu de plus grand ennemi. Aussi, cet Oscar qui est un obstacle à votre bonheur, c'est moi qui me charge de le tuer !

DE CERNAY, *le regardant avec surprise et cherchant à comprendre.*

Vous !...

OSCAR.

Oui, tant qu'il vivra, je ne serai pas heureux. D'ailleurs, il y a longtemps que ce drôle là m'ennuie et que je veux me débarrasser de lui. (*Il se secoue de nouveau par le revers de son habit, qu'il tire cette fois, comme pour se forcer à quitter la place; à lui-même.*) Et tu vas venir tout de suite avec moi...
(*Il va prendre deux pistolets de poche qu'il a posés sur la table.*)

DE CERNAY, *à lui-même.*

Ce langage... serait-ce Oscar lui-même?... il m'a dit qu'il connaissait le nom de son rival. Je vais bien savoir... (*Haut et arrêtant Oscar qui remontait la scène.*) Encore un mot, mon ami! Vous voulez vous battre à ma place... c'est très-bien, et je vous en remercie : j'accepte.

OSCAR, *avec satisfaction.*

Ah!

(*Ils redescendent un peu la scène.*)

DE CERNAY.

Mais trouvez bon que ce soit à charge de revanche.

OSCAR.

Je ne comprends pas.

DE CERNAY.

Donnez-moi un de ces pistolets. (*Il le prend.*) Si vous vous battez avec mon rival, il est trop juste que je me batte avec le vôtre.

OSCAR, *très-surpris.*

Hein?...

DE CERNAY, *froidement.*

Si vous tuez Oscar, je tue M. de Cernay.

OSCAR, *stupéfait et le regardant.*

M. de Cernay!... ah! ça, mais je n'y suis plus, moi!... vous dites M. de Cernay?... mais alors, M. de Cernay, ce n'est donc pas vous?...

DE CERNAY, *souriant.*

Si!...

OSCAR, *redescendant tout à fait la scène.*

Si?... Eh! parbleu, je le savais bien !

DE CERNAY, *le suivant.*

Et voilà justement ce que je voulais vous faire dire, (*Appuyant.*) mon cher Oscar.

OSCAR.

Oscar!... Ah! et moi qui voulais vous cacher cet horrible mystère!...

DE CERNAY, *avec découragement.*

Ainsi, nous voilà rivaux!...   (*Il va s'asseoir à droite.*)

OSCAR, *de même.*

Oui, c'est affreux !...

(*Il s'assied à gauche près de la table où il pose le pistolet.*)

DE CERNAY.

Rivaux, sans pouvoir nous haïr !...

OSCAR.

Oh ! ça, c'est agréable.

DE CERNAY.

Rivaux, sans que l'un ni l'autre puisse posséder celle qu'il aime !

OSCAR.

Moi, oui ; mais, vous, non !... car j'y pense !... Je n'ai qu'un mot à dire à M. Dubruel, qui me craint... (*Se levant.*) D'ailleurs, n'ai-je pas sauvé la fille, le pistolet au poing...

(*Il prend machinalement le pistolet sur la table.*)

DE CERNAY, *se levant*

Sauvé Jenny ?... vous?...

OSCAR.

Il y a trois mois ; je ne vous ai pas raconté ça ?

DE CERNAY.

Jamais. *

OSCAR.

Pas raconté qu'au bois de Boulogne ; tout à coup, à travers les arbres... (*Indiquant la fenêtre ouverte.*) Comme qui dirait les arbres de ce jardin...

DE CERNAY, *se souvenant.*

Ah ! oui, oui... une jeune fille, un cheval qui s'emporte...

OSCAR.

Et moi, me précipitant sur Pompée, le visant à la tête, et crac !...

(*Oscar qui a pantomimé vivement tout ce qui précède et qui tient son pistolet dans la direction de la fenêtre du jardin, lâche inconsidérément la détente en disant : CRAC ! Le coup part, et à l'instant même Dubruel entre, suivi de Chaffouin, par la porte placée tout à côté de la fenêtre. Stupéfait de la détonation, ainsi que de l'entrée immédiate de Dubruel, Oscar s'est tourné vers celui-ci, qui le voyant armé encore du pistolet et le bras tendu de son côté, s'écrie en se laissant tomber sur un siége*).

DUBRUEL.

Ah ! le monstre !... voilà la troisième fois qu'il veut m'assassiner !...

(*Il se trouve mal. — Tout le monde accourt.*)

Cernay, Oscar.

SCÈNE X.

TOUS LES PERSONNAGES, *y compris* LES INVITÉS.

CHŒUR.

Air : *Assez courir, ma belle (Semaine à Londres).*

Qu'est-ce qui nous dérange ?
Quel est ce bruit étrange ?
D'où part ce coup fatal ?
Serait-ce un suicide,
Ou bien un homicide
Qui vient troubler le bal !

DUBRUEL, *revenant peu à peu à lui.*

Je suis assassiné ! *

De Cernay vient de tout expliquer à Jenny, qui est près de son père. Pendant ce temps, Chaffouin s'est précipité furieux sur Oscar.)

CHAFFOUIN.

Misérable !... il te refusait sa fille, et tu l'as...

OSCAR.

Mais non...

CHAFFOUIN.

Mais si !... c'est parce qu'il ne voulait plus te la donner...

DE CERNAY, *qui entend.*

Hein ?...

CHAFFOUIN.

Et moi, je te donne ma malédiction, je te donne...

DE CERNAY, *bas à Chaffouin.*

Dites-lui que vous lui donnez douze mille francs de rentes... ou il se tue.

CHAFFOUIN.

Se tuer !... grand Dieu !... (*A Oscar.*) Ne te tue pas et je te donne douze francs.

OSCAR.

Douze francs !... vous croyez que pour douze francs !...

CHAFFOUIN, *sur un geste de Cernay.*

Non, non... douze cents francs...

DE CERNAY.

Non, non, il se trompe... douze mille francs.

OSCAR.

De rentes ?...

DE CERNAY, *bas à Chaffouin.*

C'est moi qui paie.

' Jenny, Dubruel, Cernay, Chaffouin, Oscar.

CHAFFOUIN.

Oui, de rentes.., c'est lui... (*Se reprenant sur un geste de
de Cernay.*) C'est moi qui paie.

OSCAR.

Ah! món oncle!... que je vous embrasse!...
(*Pendant ce temps, Dubruel, entouré de tous les autres personnages a fini par reprendre tout à fait ses sens et Jenny achève de
lui expliquer ce qui a donné lieu à sa méprise.*)

JENNY, *à son père.*

Mais puisque M. de Cernay vient de me le dire! M. Oscar
lui expliquait comment il m'a sauvé la vie au bois de Boulogne.

DUBRUEL.

Ah! l'explication a été bien bruyante! (*A Oscar.*) C'est égal,
je vous pardonne, mais n'y revenez plus.

CHAFFOUIN.

Il y reviendra si peu qu'il s'en retourne à Corbeil, pour
épouser sa cousine.

OSCAR.

Oui, je pars avec mon riche et généreux oncle... * je vais
m'enterrer à Corbeil avec sa fille, et là, j'élèverai un monu-
ment à la mémoire de feu Pompée.

DUBRUEL.

Oh! oui!... et avec cette inscription : « Il fut bon cheval et
» son maître inconsolable... »

CERNAY, *gaiement.*

Eh bien! et notre rendez-vous au 1er septembre?

OSCAR.

Eh bien! il tient toujours.

CERNAY, *surpris.*

Il tient toujours!

OSCAR.

Oui... pour le baptême de notre premier enfant.

(*Ils se serrent affectueusement la main.*)

CHOEUR FINAL.

AIR : *De la corde sensible.*

Dans le bois de Boulogne on trouve
Ce qu'ailleurs, en vain l'on chercha,
Car notre vaudeville prouve
Que souvent le bonheur est là.

* Jenny, Dubruel, Cernay, Oscar, Chaffouin.

FIN.

Poissy. — Typographie Arbieu.